基督教文化研究丛书

主编 何光沪 高师宁

五编 第 1 册

纽曼的启示理解（上）

王玉鹏 著

花木兰文化事业有限公司

国家图书馆出版品预行编目资料

纽曼的启示理解（上）／王玉鹏 著 -- 初版 -- 新北市：花木
兰文化事业有限公司，2019〔民108〕

目 4+160 面；19×26 公分

（基督教文化研究丛书　五编　第 1 册）

ISBN 978-986-485-800-2（精装）

1. 纽曼（Newman, J. H., 1801-1890）2. 学术思想　3. 神学

240.8　　　　　　　　　　　　　　　　　108011500

ISBN-978-986-485-800-2

9 789864 858002

基督教文化研究丛书
五编　第 一 册　　　　　　ISBN：978-986-485-800-2

纽曼的启示理解（上）

作　　者　王玉鹏

主　　编　何光沪　高师宁

执行主编　张　欣

企　　划　北京师范大学基督教文艺研究中心

总 编 辑　杜洁祥

副总编辑　杨嘉乐

编　　辑　许郁翎、王筑、张雅淋　　美术编辑　陈逸婷

出　　版　花木兰文化事业有限公司

发 行 人　高小娟

联络地址　台湾 235 新北市中和区中安街七二号十三楼
　　　　　电话：02-2923-1455 ／ 传真：02-2923-1452

网　　址　http://www.huamulan.tw 信箱　hml810518@gmail.com

印　　刷　普罗文化出版广告事业

初　　版　2019 年 9 月

全书字数　276007 字

定　　价　五编 9 册（精装）台币 20,000 元

纽曼的启示理解(上)

王玉鹏 著

作者简介

王玉鹏，男，汉族，1975年1月生，山东泰安人，哲学博士。现任江苏南通大学讲师，主要研究方向为基督宗教思想文化、中国近现代思想文化史。在《世界宗教研究》、《宗教学研究》、《自然辩证法通讯》等专业期刊发表论文三十余篇。1995-1999年，在曲阜师范大学历史系攻读学士学位。2005-2008年，在武汉华中师范大学中国近现代史研究所攻读硕士学位。2011-2014年，在北京中国社会科学院世界宗教研究所攻读博士学位。2014-至今，任教于江苏南通大学。

提　　要

　　若望·亨利·纽曼（1801-1890）是19世纪英国著名的宗教思想家。他的宗教思想纷繁复杂且多变化，但贯穿其中的主线则是他关于启示的理解。

　　"启示与宗教"是纽曼启示理解的核心与关键。启示分为普遍启示和特殊启示，并由此而出现自然宗教与启示宗教的分野。自然宗教是启示宗教的预备，启示宗教是对自然宗教的超越与完善，它属于特殊启示。纽曼关于启示与理性的论述，主要集中于他早期的《牛津讲道集》和后期的《赞同的法则》两部著作中。他认为，基督启示即使面对并不充分的证据，仍然可以通过个人内在的"推断感"获得"真正的赞同"，因而基督启示有其认识论的基础，它是合理的，有保证的。"启示与现代科学和教育"属于纽曼关于启示的外延式理解。在他看来，达尔文的进化论与圣经启示并不冲突，因为科学与宗教是一种既相互独立，又彼此交叉的关系。大学是教授"普遍知识"的地方，"博雅教育"应该成为大学的基本理念。

　　转向主体、转向历史是纽曼启示理解的鲜明特征。但同时，他也避免陷入那种主观型或客观型的启示理解，建构起一种新的启示理解方式，即"对话——超越型"启示理解。纽曼的启示理解对天主教思想、比较宗教学和现代文化教育都产生了广泛而深远的影响。

"基督教文化研究丛书"总序

何光沪　高师宁

　　基督教产生两千年来，对西方文化以至世界文化产生了广泛深远的影响——包括政治、社会、家庭在内的人生所有方面，包括文学、史学、哲学在内的所有人文学科，包括人类学、社会学、经济学在内的所有社会科学，包括音乐、美术、建筑在内的所有艺术门类……最宽广意义上的"文化"的一切领域，概莫能外。

　　一般公认，从基督教成为国教或从加洛林文艺复兴开始，直到启蒙运动或工业革命为止，欧洲的文化是彻头彻尾、彻里彻外地基督教化的，所以它被称为"基督教文化"，正如中东、南亚和东亚的文化被分别称为"伊斯兰文化"、"印度教文化"和"儒教文化"一样——当然，这些说法细究之下也有问题，例如这些文化的兴衰期限、外来因素和内部多元性等等，或许需要重估。但是，现代学者更应注意到的是，欧洲之外所有人类的生活方式，即文化，都与基督教的传入和影响，发生了或多或少、或深或浅、或直接或间接，或片面或全面的关系或联系，甚至因它而或急或缓、或大或小、或表面或深刻地发生了转变或转型。

　　考虑到这些，现代学术的所谓"基督教文化"研究，就不会限于对"基督教化的"或"基督教性质的"文化的研究，而还要研究全世界各时期各种文化或文化形式与基督教的关系了。这当然是一个多姿多彩的、引人入胜的、万花筒似的研究领域。而且，它也必然需要多种多样的角度和多学科的方法。

　　在中国，远自唐初景教传入，便有了文辞古奥的"大秦景教流行中国碑颂并序"，以及值得研究的"敦煌景教文献"；元朝的"也里可温"问题，催生了民国初期陈垣等人的史学杰作；明末清初的耶稣会士与儒生的交往对话，带来了中西文化交流的丰硕成果；十九世纪初开始的新教传教和文化活动，更造成了中国社会、政治、文化、教育诸方面、全方位、至今不息的千古巨变……所有这些，为中国（和外国）学者进行上述意义的"基督教文化研究"提供了极其丰富、取之不竭的主题和材料。而这种研究，又必定会对中国在各方面的发展，提供重大的参考价值。

就中国大陆而言，这种研究自 1949 年基本中断，至 1980 年代开始复苏。也许因为积压愈久，爆发愈烈，封闭越久，兴致越高，所以到 1990 年代，以其学者在学术界所占比重之小，资源之匮乏、条件之艰难而言，这一研究的成长之快、成果之多、影响之大、领域之广，堪称奇迹。

然而，作为所谓条件艰难之一例，但却是关键的一例，即发表和出版不易的结果，大量的研究成果，经作者辛苦劳作完成之后，却被束之高阁，与读者不得相见。这是令作者抱恨终天、令读者扼腕叹息的事情，当然也是汉语学界以及中国和华语世界的巨大损失！再举一个意义不小的例子来说，由于出版限制而成果难见天日，一些博士研究生由于在答辩前无法满足学校要求出版的规定而毕业受阻，一些年轻教师由于同样原因而晋升无路，最后的结果是有关学术界因为这些新生力量的改行转业，后继乏人而蒙受损失！

因此，借着花木兰出版社甘为学术奉献的牺牲精神，我们现在推出这套采用多学科方法研究此一主题的"基督教文化研究丛书"，不但是要尽力把这个世界最大宗教对人类文化的巨大影响以及二者关联的方方面面呈现给读者，把中国学者在这些方面研究成果的参考价值贡献给读者，更是要尽力把世纪之交几十年中淹没无闻的学者著作，尤其是年轻世代的学者著作对汉语学术此一领域的贡献展现出来，让世人从这些被发掘出来的矿石之中，得以欣赏它们放射的多彩光辉！

2015 年 2 月 25 日
于香港道风山

目次

缩写符号

Apo.   *Apologia*, London: Longamns, Green &Co., 1908

Ari.   *Arians of the Fourth Century*, London: Longamns, Green &Co.,
                1908

Ath. I, II   *Select Treatises of St. Athanasius*, Oxford: James Parker and Co.,
                1877

A. W.   *John Henry Newman: Autobiographical Writing*, edited by Henry
                Tristram, London: Sheed&Ward, 1956

Call.   *Callista: A Tale of the Third Century*, London: Longamns, Green
                &Co., 1901

Campaign   *My Campaign in Irland*, Aberdeen: A.King&Co., 1896

Cons.   *On Consulting the Faithful in Matters of Doctrine*, ed. John
                Coulson, London: Collins Flame Classics, 1986

D.A.   *Discussions and Arguments*, Birmingham Oratory Millennium
                Edition, ed.Gerard Tracey and James Tolhurst, Leominster and
                Notre Dame, Ind: Gracewing/University of Notre Dame Press,
                2004

Dev.   *Development of Christian Doctrine*, London: Longamns, Green
                &Co., 1909

Diff. I, II   *Difficulties of Anglicans*, London: Longamns, Green &Co., 1920

Ess. I，I   *Essays Critical and Historical*,London: Longamns, Green &Co.,
                1907

G.A.   *Grammar of Assent,* London: Longamns, Green &Co., 1903

His. I，II   *Historical Sketches,* London: Longamns, Green &Co., 1908

Idea.   *Idea of a University*, London: Longamns, Green &Co., 1907

Jfc.   *Lectures on Justification*, London: Rivingtons, 1874

K.C.   *Correspondence of John Henry Newman with John Keble and Others* （1839-1845）, London: Longamns, Green &Co., 1917

L.G.   *Loss and Gain*, London: Longamns, Green &Co., 1906

M.D.   *Meditations and Devotions*, London: Longamns, Green &Co., 1907

Mir.   *Essays on Miracles* , London: Longamns, Green &Co., 1907

Mix.   *Discourses to Mixed Congregations*, London: Longamns, Green &Co., 1906

Moz. I, II   *Letters and Correspondence of John Henry Newman*, London: Longamns, Green &Co., 1903

O.S.   *Sermons Preached on Various Occasions* , London: Longamns, Green &Co., 1908

Prepos.   *Present Position of Catholics in England*, London: Longamns, Green &Co., 1908

P.S., I——VIII   *Parochial and Plain Sermons*, London: Longamns, Green &Co., 1907

S.D.   *Sermons on Subjects of the Day* , London: Longamns, Green &Co., 1902

S.E.   *Stray Essays on Controversial Points*, Charleston: Biblio Life, 2009

T.T.   *Tracts Theological and Ecclesiastical* , London: Longamns, Green &Co., 1924

U.S.   *Oxford University Sermons*, London: Longamns, Green &Co., 1909

V.M., I, II   *Via Media*, London: Longamns, Green &Co., 1877

V.V.   *Verses on Various Occasions*, London: Longamns, Green &Co., 1903

＊＊＊

A.S.,I,II   *Anglican Sermons*（1824-1843）,Oxford: Clarendon, 1993

Cath.Ser.   *Catholic Sermons of Cardinal Newman*, London: Burns & Oates, 1957

L.D.,   *The Letters and Diaries of John Henry Newman*, vol.1-32., New York: Oxford University Press, 2000

T.P., I, II   *The Theological Papers of John Henry Newman on Biblical Inspiration and on Infallibility*, Oxford: Clarendon Press; New York: Oxford University Press, 1979

P.N., I, II   *John H.Newman, The Philosophical Notebook of John Henry Newman*, New York: Humanities Press, 1969

                 ＊ ＊ ＊

BOA.   *Birmingham Oratory Archives*

MSA.   *Manuscripts of J.H.Newman, Dealing with Tradition,* from the Newman Archives in the Oratory, Birmingham

N.O.   *Newman the Oratorian.His Unpublished Oratory Papers*, edited by Placid Murray, Dublin: 1969

                 ＊ ＊ ＊

Ward.   Wilfrid Ward, *The Life of John Henry Cardinal Newman*, London:Longmans,Green & Co., 1912

Insp.   *On the Inspiration of Scripture*, ed. Derek J. Holmes and Robert, MurrayWashington, D.C., 1967

绪　论

第一节　研究缘起与意义

一、研究缘起

纽曼（John Henry Newman,1801-1890 年）是 19 世纪英国著名的基督宗教神学家、哲学家、作家和教育家。纽曼早年属于英国安立甘教派，曾组织领导改革安立甘教会的牛津运动，也正是在此过程中，纽曼最终在 1845 年转皈罗马天主教，他是 19 世纪转皈天主教最重要的一位，另外两位则是曼宁（H.E.Manning,1808-1892）和沃德（W.P.Ward,1856-1916）。纽曼一生曾陷于各种论争之中，从早期牛津运动围绕安立甘教义的各种争论，到皈依天主教后与金斯利的争论，与格莱斯顿（W.E.Gladstone,1809-1898）的争论等，也正是在这些争论中，纽曼的个性与思想的创造力得到极大的释放与张扬，他的精神经历复杂而又曲折，堪称是精神的"奥德赛之旅"。

虽然纽曼已经去世一百多年，但他复杂的个性与思想仍令人着迷，总能引起研究者的探讨兴趣。但另一方面，围绕纽曼的各种争论和认识分歧，从其在世一直到今天，也从来没有停止过。有人认为他是一位诡辩家，或认为他是一位情绪冲动的家伙，仅具有"一只中型兔子所具有的智力"（卡莱尔,T.Clarlyle,1795-1881），或认为他是一位怀疑论者（曼宁、赫胥黎）。有论者还给他贴上各种"主义"的标签，例如他被称为是进化论者、实用主义者、现代主义者等不一而足。纽曼的崇拜者则认为他是一位基督教人文主义者，是当代神学家的先驱，是个人良知的捍卫者。纽曼的崇拜者将他归入历史上和同时代的一些伟大神哲学家行列，所以有人说他是一位宗教哲学家，可以与法国的帕斯卡尔相齐名；有人认为他可与波绪埃（J.B.Bossuet,1627-1704）相比肩；有人还因他的出奇的理解力，而称他为是"牛津的柏拉图"；而亚当（Karl Adam）则将其与圣奥斯定和圣多玛斯等伟大教父等量齐观。但也有人认为尽管他的著作非常迷人而精致，但他却算不上是一位逻辑首尾一致的思想家，他的思想毫无体系可言。怎样才是真实的纽曼？这一问题，一直困扰着纽曼研究者们，崇拜他的人和轻蔑他的人都同样纷纷攘攘，莫衷一是。纽曼思想和个性的这种复杂性，在1864年他一位朋友给他的信中，得到很好的说明，那位朋友说："纽曼是一个令人匪夷所思的人。谁能理解他呢？"[1]后来的一位纽曼研究者沙罗利亚（Charles Sarolea），在研究纽曼的性格之余，用颓丧的口气下结论说："为了解决这位神秘的怪杰之谜，我整整花了十年功夫；但十年之后，我得承认那谜是无法解决的；对于纽曼最稳妥的态度是崇拜他，但莫想了解他。"这就是"纽曼之谜"，"神秘的纽曼"，这也正是纽曼研究的魅力所在，不断吸引研究者对之进行不懈的解读与探讨。

纽曼的思想虽然复杂多变，但从总体看，基本涉及三个方面的内容。首先，教义发展理论。教义问题是纽曼终生关注的问题，是他可以像殉道者一样为之"死"的问题，从最初对安立甘信仰"三十九条信纲"到"教义发展"理论的提出，再到后来"教宗无谬误"的教义，纽曼都曾对之进行过深刻的理智思考。其次，基督信仰的知识地位。19世纪科学与知识的发展对基督宗教信仰带来严重的冲击，纽曼最早在《牛津讲道集》中就曾探讨过理性与信仰的关系问题。后来在皈依天主教后，1870年出版《赞同的法则》，其中更加深入和系统地讨论基督信仰的知识地位问题，他成为19世纪最有力的基督宗教护教士之一。第三，大学的理念。在牛津时，纽曼就非常关注教育问题，后来在计划爱尔兰的天主教大学时，纽曼提出了"自由教育"的大学教育理念，而且他的这种教育理念具有深厚的宗教意涵，与其神哲学思想一脉相承。

对于纽曼及其思想的研究，国外的研究者已经取得了丰富的成果，新世纪以来，也呈现出诸多新的研究动向。对此，本书将在研究综述中进行说明。但遗憾的是，各种研究缺少有效的整合，从而难以对纽曼思想全貌及其特征

---

1 Ward., p.120.

形成清晰的认识。以纽曼"启示理解"为视点，对相关研究成果进行整合，重构纽曼神哲学思想，即为本书研究起点之一。针对国内偏重纽曼教育思想研究的研究现状，本书试图对纽曼的启示理解及宗教思想进行系统研究，以弥补这种研究空白，为本书研究起点之二。另外，笔者曾翻译过《教理可变吗?》等与教义及其理论相关的著作、文章，对教义问题有一定的研究兴趣，为本书研究起点之三。

二、研究意义

纽曼漫长的生命几乎贯穿整个 19 世纪，他是那一世纪诸多重大事件和思潮的见证者、评论者。19 世纪的英国处于社会转型时期，工业革命和科学技术得到极大的发展，各种社会文化思潮风起云涌。社会的急剧变化也使英国的基督教会面临世俗化的严重冲击，而基督教会内也出现了各种各样的变化，纽曼作为基督宗教的护教士，生逢变革时代，自觉迎接时代挑战，他全部的思考都集中于基督信仰与启示，试图为基督信仰与启示在现代社会和文化处境中寻求栖身之地。他的思考全面而又深入，但凡神学、哲学、教育、文学，他都提出了自己独特的认识。可以说，纽曼直接参与到时代的重大发展中去。他是牛津运动的倡导者、领导者，是《大学的理念》的作者，是天主教梵蒂冈第一次大公会议的重要评论者，是神学认识论领域具有开创性的思想家。而且，最值得注意的是，他所面对的诸多问题，如基督信仰与启示的性质、表达、知识地位等，同样也是现代基督宗教仍继续思考的问题。因此，研究纽曼对于基督宗教启示与信仰的理解，不仅可以深化对 19 世纪宗教与文化的认识，同时也可以对思考当今基督宗教重大理论问题具有启发意义，他的启示理解具有历久弥新的鲜活特质。纽曼距离这个时代并不遥远，他的思想与个性具有穿透时代与人心的独特魅力。

纽曼被认为是现代神学，尤其是现代天主教神学的分水岭，是天主教神学向现代转型的先驱人物。[2]他的神学肇始了现代神学的主要议题和方法，主要有解释学，历史评断学，神学与文学的关系，信仰性质的再解释，注重经验在信仰生活中的地位等。他的神学思想对天主教现代主义的兴起，对圣经和教父研究的复兴，对天主教梵蒂冈第二次大公会议都具有重大的影响，他

---

2 [美]迈克尔·格拉茨编:《现代天主教百科全书》，赵健敏主编译，宗教文化出版社，2012 年，"前言"，第 2 页。

也因对后者的影响而被称为是梵二会议"看不见的教父"。现代神学家如布隆代尔（M.Blondel,1861-1949）、拉纳尔（K.Rahner,1904-1984）、龚加尔（J.M.Congar,1904-1995）、巴尔塔萨（H.U.Balthasar,1905-1988）、郎尼根（J.F.Longergen,1904-1984）、孔汉斯（H.Kueng,1928- ）等在神学建构中都曾对纽曼神哲学思想有所吸收和借鉴。所以，欲考察天主教神学向现代的转型，纽曼是绕不开的人物。而且，纽曼的思想也与现代哲学和思想文化具有重要的关联，除了上述解释学，另外存在主义、结构主义和现象学等现代哲学的主要思潮都可以在纽曼哲学中发现它们的影子；现代一些重要的思想家如切斯特顿、沃格林、麦金泰尔等也都深受纽曼思想影响。所以，通过考察纽曼的神哲学思想，也可以增进对 19 世纪英国思想文化乃至整个西方思想文化的理解与认识。

纽曼的神学思想同时也肇始了后现代神学。纽曼神学具有鲜明的主体性、个体性特征，他对于信仰与理性的关系有自己的独特理解，可以启发对于后现代神学中"信仰的想象"的思考，同时他对"标准"与"权威"、"正统"的坚持，也可以不断引发对后现代神学出路的反思。

如前所述，纽曼的神学思想深植于时代与历史之中，他对于时代挑战的回应可以引发今天人们对于相关问题的思考。纽曼所面对和思考的政教关系问题，基督信仰与现代知识和教育的关系问题，基督教会与其历史传统的关系及其自身结构等问题，仍然是当今基督宗教的热点和难点问题。纽曼思想的意义并不局限于基督宗教之内，他的相关认识即使不能提供一种完全成功的答案，但至少可以提供一定的经验。纽曼的思想也可以为人文学界的研究尤其是宗教研究提供丰富的素材与理论。纽曼的皈依可以作为宗教心理学的典型个案，他的信仰认识论是宗教哲学的重头戏，他的护教学理论也可以从另外一个方面增进对宗教批评学的理解，他的"自然宗教"论可以为多元宗教下的宗教对话提供一定的理论支持等。另外，纽曼生活的维多利亚时代正处于英国社会转型时期，而我国也正处于社会转型时期，因此考察纽曼对宗教与政治和文化之关系的思考也有利于思考我国的政教关系和宗教与文化的关系。

第二节　文献和研究综述

一、汉语学界纽曼及其启示理解研究综述

（一）纽曼及其思想最早在中国的引介

纽曼及其思想传入中国的时间并不晚，在纽曼去世二十年后，最早由清末民初的辜鸿铭引入中国。早年留学英国爱丁堡大学的辜鸿铭著有《清流传》，又名《中国牛津运动的故事》。这本书最早出版于1910年，在1912年定稿再版。该书将中国清流党的运动称为"中国的牛津运动"，还将翰林院的李鸿藻视为是牛津运动的领袖纽曼，将张之洞的《劝学篇》比作纽曼的《自辩书》。另一个较早在中国介绍纽曼的人物是新文化运动的领军人物胡适。1919年胡适在少年中国学会上发表演讲时，他也提到了牛津运动及其领导人纽曼、基布尔、弗劳德等。胡适所愿望期许的是，新文化运动能够从牛津运动汲取力量和精神，他呼吁青年学子们一定要有批评的、冒险进取的、社会的人生观。

纽曼、牛津运动最早传入中国竟然是与两个文化性格截然相反的人物联系在一起，的确是一件耐人寻味的事。辜胡二氏分属文化保守主义和自由主义，他们从各自的文化认知出发，对牛津运动作出大相径庭的诠释，辜氏是要从那里寻求复古主义的旁证，胡氏则是要从中汲取文化和民族精神更新的力量。尽管他们的诠释并不见得客观准确，甚至很大程度上是对纽曼、牛津运动的误读或错读，但也不必苛求，因为即使在当时的西方宗教和文化语境下，对于纽曼、牛津运动的解读也存在同样的问题，其中最典型的就是关于纽曼与现代主义的关系的讨论。辜、胡二氏对于纽曼、牛津运动的关注和诠释，也从另一个方面说明了纽曼及其领导的牛津运动对于知识界尤其是精英知识分子心灵的触动，这种触动当然是与纽曼以及牛津运动的精英意识存在一定的关联。纽曼以及牛津运动与中国知识界的第一次亲密接触不仅可继续引发人们的丰富联想，同时也可以引发人们对于其现实意义的深入思考。

（二）纽曼传记作品的译介

1、大陆对纽曼的翻译和介绍

至今，大陆仍未见关于纽曼传记的专著，关于其生平及思想的介绍仅见于个别著作、译作中。陆建德在其《破碎思想体系的残编——英美文学思想史论稿》（北京大学出版社，2001年）中，"'引领我，仁慈的光'——纽曼、

牛津运动和小说《失与得》"一章与纽曼有关。作者这篇文章的主要目的不仅仅是要介绍纽曼精神历程，牛津运动的发生过程和纽曼的自传体小说《失与得》的故事情节和艺术风格，而是要通过这些来揭示英国维多利亚时代的社会、文化和宗教现实。无论是牛津运动还是《失与得》的主人公所追求的，恰恰反映了维多利亚时代"精神权威"和宗教价值的颓靡，是对维多利亚时期正宗的意识形态，即边沁的功利主义和麦考来的"自由"、"进步"思想的批判和反驳。纽曼和其代表的牛津运动形成了对这种意识形态的"第一道冲击波"。陆氏视野开阔，论文内容涉及历史、宗教、政治、文化教育等，虽然是以纽曼为中心，但是也涉及到浪漫主义者柯勒律治以及纽曼同时代的马修·阿诺德、卡莱尔、罗斯金、金斯利等人。另外，陆氏文字行云流水，多见中国式的表达，在一定程度上，也是对纽曼和牛津运动的中国式解读。

另在，在由利顿·斯特拉奇著，周玉军翻译的《维多利亚名人传》（上海三联书店，2007 年）中，"红衣主教曼宁"一章也有部分内容涉及纽曼。该文描写了曼宁与纽曼早年在牛津运动时期的交往，纽曼皈依天主教后的灰暗岁月，以及后来两人的碰撞，主要集中于纽曼经办都柏林大学，牛津奥拉托利修会的计划，擢升主教和枢机主教等问题上，曼宁明里暗里进行的阻挠和施加的压力。但这只是作者的一种猜测，并无事实依据，文字想象的成分过于浓厚。传记没有提到在"教宗无谬误"问题上，曼宁与纽曼的意见分歧。

2、台湾对纽曼的翻译和介绍

纽曼传记的中文译本和中文版本主要由台湾译者和作者完成，主要包括：《纽曼枢机》（Rev.J.J.Coyne 著，徐牧民译，台湾光启出版社，1965 年），《纽曼枢机及其虬龙子之梦》（张鹤琴译注，台湾光启出版社，1969 年），《仁慈之光》（Murray Elwood，梁伟德译，台湾光启出版社，1990 年），《纽曼》（Owen Chadwick 著，彭淮栋译，台湾联经出版事业公司，1984 年），《若望·亨利·纽曼——信仰疑惑者的使徒》（Meriol Trevor 著，冯胜利译，台湾公教真理学会出版，2001 年）。另外，第一本中文版本的纽曼传记是赵尔谦所著得《纽曼枢机传》（台湾商务印书馆，1994 年）。

（三）纽曼大学教育思想研究热的兴起

纽曼大学教育思想研究始于 20 世纪 90 年代初，在 90 年代中后期一度成为高等教育研究领域内的热点。

其中，较早关注纽曼大学教育思想的文章主要有：李天纲《我们需要知道一点纽曼》(《探索与争鸣》，1994 年第 1 期)。作者首先回顾了在近代中国历史上纽曼思想研究的概况，指出，由于近代中国需要的是科学和民主，而纽曼讲的主要是神学和信仰，与中国社会隔膜甚大，所以并没有真正进入中国思想界。《我们需要知道一点纽曼》重点还是介绍纽曼《大学的理念》，作者认为尽管纽曼大学理念具有保守主义、理想主义的特征，但于中国的大学教育仍具有启发意义，中国缺乏的就是"牛津运动这样的理想主义的道德拯救"。90 年代初研究纽曼大学理念的另一篇文章是管风华《保守与超前——纽曼的大学理想》(《清华大学教育研究》，1994 年第 1 期)。总之，早期对于纽曼大学理念的研究还只是停留于一般的介绍，研究也很零星，不够系统。

20 世纪 90 年代中后期到本世纪初，纽曼研究一度升温，这主要与当时大学的扩招，高等教育大发展的背景有关。这一时期，研究者主要是以纽曼的知识观、大学观来对现实提出批评和进行匡正。代表性的研究文章为王晓华《纽曼的大学目的论与功能论》(《清华大学教育研究》，2001 年第 1 期)。在这篇文章中，作者指出纽曼的大学目的论涉及世俗的智力、社会应用和宗教三个维度；作者还论述了纽曼主张科研与教学相分离的大学功能论。另外，这位作者还在《纽曼自由教育思想研究》一文中论述了纽曼关于自由教育与职业教育关系的认识。(《清华大学教育研究》，2001 年第 4 期)

新世纪以来纽曼大学思想研究向纵深方向发展，研究呈现多元化、系统化的特征。具体表现为：首先，比较研究和历史研究的出现。研究者注重在整个西方教育思想史的脉络中看待纽曼大学思想的地位和意义。代表性文章有：沈文钦《纽曼博雅教育学说的历史渊源》(《高等教育研究》，2009 年)；王艳琴《纽曼与赫胥黎自由教育思想之比较》(《河北师范大学学报》，2011 年第 1 期)。其次，研究主题更为集中，不再像原来仅仅停留于纽曼大学理念中那些核心理念。研究文章有：吴洪富《纽曼论大学教学与科研关系》(《现代大学教育》，2010 年第 6 期)；杜智琴《纽曼与牛津大学导师制》(《太原师范学院学报》，2010 年)。第三，出现了系统研究，主要是系统研究纽曼大学教育思想的硕士和博士论文的出现。主要有：河南大学硕士研究生路平《纽曼自由教育思想之探析》(2006 年)，作者论述了纽曼自由教育思想的历史渊源、主要内涵、成因、影响和现实意义；另外，还有山东师范大学硕士研究生魏芳芳《纽曼大学自由教育思想研究》(2007 年)。王玉鹏《想象在纽曼自由教育中的地位与作用》(《北京教育学院学报》, 2013 年第 2 期), 认为想象是纽曼自由教育的起点, 内驱力、本质体现和最终实现手段。第四, 新的研究视角的出现, 研究者们注意到纽曼大学教育思想中的哲学和宗教维度, 试图从哲学或宗教学的角度对其重新进行阐释, 从而真正标志着纽曼大学理念研究走向深入。主要代表性文章有: 何光沪《基督教研究对当代中国大学的意义——从纽曼的 "大学理念" 说起》(《中国人民大学学报》, 2003 年)。纽曼对大学的基本定义就是教授 "普遍知识" 的场所, 所谓普遍知识是包括科学与神学、宗教学在内的所有知识。文章作者也正是基于对纽曼大学理念的这种理解, 进而认为应该认识到基督教研究在大学学科体系中的地位和作用, 应该把这一研究作为人文学科和社会科学的一个门类, 纳入到大学课程设置之中。作者同时也强调了这种研究与神学研究不同, 它是一种理性的、学术的研究而非信仰的研究。

在大陆学界, 较早注意到纽曼大学理念与其宗教思想关系的代表性作者是北京师范大学的王晨。他主要有三篇文章围绕这一主题集中进行论述:《牛津、牛津运动和纽曼》(《清华大学教育研究》, 2005 年第 3 期)。在这篇文章中, 作者主要是考察纽曼早期的教育经历和宗教活动对其后来大学教育思想的影响, 作者指出, 纽曼在牛津大学与牛津运动中的大学和宗教思想是其后来大学观的本源和基础。另外, 在看待牛津大学和牛津运动的关系方面, 作者认为, 一方面牛津是牛津运动的摇篮, 牛津的历史传统和学术环境孕育了这场运动; 另一方面, 牛津运动又是在批判和重建牛津的基础上而兴起的, 因为牛津运动主要是试图重建牛津大学教育的道德和精神维度。《热闹之后的冷观察——纽曼大学思想核心概念之意义重置》(《教育学报》, 2007 年第 2 期)。在这篇文章中, 作者采用 "文本分析" 的方法, 从纽曼《大学的理念》中梳理出六个核心概念, 并在此基础上对其大学思想的意义进行重置。六个概念分别是真理、道德、理性、普遍知识、自由知识和自由教育。作者认为自由教育并不是纽曼大学理念的全部, 只是作为一种核心而存在。应该看到这一概念与其他概念的关系。而且, 纽曼的大学教育解决的并不是一般的技术性问题, 而是一种具有哲学意义的教育, 应该深入挖掘其哲学意义。第三篇文章是《论纽曼大学思想的宗教根源》(《中国地质大学学报》, 2009 年第 2 期)。在这篇文章中, 作者论述了纽曼大学思想的宗教根源, 即三个宗教因素, 分别是牛津运动、宗教神学观和反对宗教自由主义的态度。另外大陆探讨纽曼大学理念之宗教根源的文章还有牟芳芳《智性与宗教——论纽曼的"哲学"自由教育观念》(《外国文学》，2010 年第 3 期)。作者主要论述智性教育在纽曼自由教育理念中的地位与作用，认为"哲学"最能体现和发展自由教育的本质。作者同时指出，纽曼的"理性"概念涉及大学理念和宗教两个层面。遗憾的是，作者在论述时，过分强调了智性与道德的区分，而没有注意到纽曼关于它们相互联系与贯通的论述。

纽曼的教育思想集中体现在其教育名著《大学的理念》一书中，这部著作是理解纽曼大学教育理念的必读之书。迄今，《大学的理念》完整的中文译本仅有高师宁等翻译的《大学的理念》(高师宁等译，贵州教育出版社，2003 年；另，新译本见，北京大学出版社，2016 年)。该译本以"新版"的《大学的理念》为蓝本进行翻译，同时涉及了"导读"和相关的研究论文，集可读性与学术性于一体。纽曼的行文风格非常典雅、句式冗长，具有雄辩家的风格，这也就难怪译者一度"埋怨"过纽曼了。但本书的中文翻译却基本忠实了纽曼的文风，读起来并无"滞碍"之感，几近于"信、雅、达"的境界。另外，在何光沪的序言部分，也肯定了纽曼的大学教育理念对当下中国的大学教育的现实启发意义，纽曼的大学教育理念因之也就具有了"处境化"的意涵。

香港学者中从宗教角度来考察纽曼大学教育思想的主要有：赖品超《基督教神学与博雅教育的理念》(《传承与转化——基督教神学与诸文化传统》，香港：基督教文艺出版社，2006 年)。另外值得一提的就是香港中文大学高莘的博士论文《约翰·亨利·纽曼的大学理念与其宗教思想之关系》(2007 年)，这是国内学界第一次从宗教思想系统关照纽曼教育思想的研究。作者认为纽曼大学教育思想的一个基本特征就是要在宗教与大学，神圣与世俗之见保持一种平衡，作者以此作为理解纽曼博雅教育的"模式"。在此框架下，作者重点论述了纽曼宗教思想对其教育思想的直接和间接影响。其中涉及到纽曼宗教思想中的理性与信仰，想象，神学理解以及良知论。作者最后的结论是，纽曼宗教思想与大学理念的关系归根结底是一种神圣与世俗"分而不离"的关系。

（四）纽曼大学理念研究热影响下的牛津运动研究的兴起

可以说，是在纽曼大学理念研究热影响、带动下而兴起了对于牛津运动的研究。

1、文章

朱维铮在其《辜鸿铭和他的〈清流传〉》(《中国文化》第十一期)一文中，介绍了辜鸿铭的《清流传》的基本内容和思想，并结合清末民初的历史对其进行了评价。作者认为辜鸿铭的比附做法只看到两者的共性，而没有看到各自的个性及其与共性的相关度，认为《清流传》实质上是辜鸿铭为帝国作的悼亡之辞。

叶建军在其《评 19 世纪英国的牛津运动》(《世界历史》，2007 年第 6 期)一文中，阐述了牛津运动的研究动态、兴起背景和概况，最后又对牛津运动的性质提出自己的观点，认为这是一场不折不扣的文化保守主义运动。唐科《牛津运动的社会经济原因剖析》(《基督宗教研究》，2017 年)剖析了牛津运动的经济原因。王玉鹏《牛津运动中书册派对安立甘教派身份认同的重构》(《世界宗教研究》，2014 年第 1 期)，探究了牛津运动中书册派试图通过回归大公传统，遵行中庸之道以重构安立甘教派身份认同的努力。王玉鹏《牛津运动对宗教改革的反思及其现代意义》(《中国天主教》，2017 年)，将牛津运动兴起原因回溯至宗教改革。

2、学位论文

研究牛津运动的学位论文主要有：华东师范大学李宁的硕士学位论文《牛津运动初探》(2007 年)以及福建师范大学李媛媛的硕士学位论文《19 世纪英国牛津运动研究》。

总之，国内对于牛津运动的研究还刚刚起步，并不系统。研究者主要从教育史、世界史的角度来进行探讨，但却忽视了这场运动的宗教内涵。归根结底，这场运动还是一场宗教改革运动，所以从宗教史、宗教学的角度进行关照理所当然。这种研究不仅可以深化这场运动在宗教思想史上的地位和意义，也可以更好地认识它与 19 世纪初乃至整个维多利亚时代英国的思想文化的关联。

（五）仍未引起重视的纽曼宗教思想研究

与对纽曼教育思想研究相比，纽曼的宗教思想至今仍未引起学界的广泛重视，相关研究成果非常有限。

最早将纽曼的著作译为中文的作品为《纽曼选集》(徐庆誉等译，基督教文艺出版社，1957 年)，这部选集主要包括四个部分内容，即《自辩书》、专论四篇、讲道五篇和摘要短论八篇。其中还包括许牧民的一篇导论和哈劳德（C.F.Harrold）的一篇中译文章《对纽曼的认识》。这两篇文章可以说是国内最早关于纽曼宗教思想的介绍。

对于纽曼宗教思想的系统研究仍属空白。可见的直接涉及纽曼宗教思想的论文比较罕见，相关研究主要有：四川外语学院王敏的硕士论文《纽曼的1845年改宗》（2007年），上海社科院刘丽的硕士论文《约翰·亨利·纽曼论平信徒在教会中的作用》（2008年）。另外，还有高莘的"纽曼论良知与上帝的存在"（《基督教文化评论》，2012年春）。王玉鹏《纽曼的转皈及其文化个性》（《宗教学研究》，2014年第2期），该文梳理了纽曼一生三次皈依及其温和保守主义之文化个性。王玉鹏《纽曼与进化论》（《自然辩证法通讯》，2014年第4期），认为纽曼先于达尔文而在神学中道先运用了进化论的意识和精神来论还教义发展问题。王玉鹏《维多利亚时期英国文化救赎三途》（《基督教学术》，2016年），比较分析了纽曼与阿诺德及切斯特顿化解英国文化危机的三种不同路径。

（六）汉语学界纽曼研究主要特征

1. 从学术史的角度看，纽曼及其思想进入中国较早，但是在近代却始终没有进入思想界和学术界，这种情况直到20世纪90年代纽曼大学理念研究热兴起才有所改变。

2. 从研究的水平和范围来看，一般性的介绍多于严肃的学术研究，研究侧重于世界史和教育史，对纽曼宗教思想的整体研究基本仍是空白；但是研究者在考察纽曼教育思想时，也已经注意到与其宗教思想的关联，因此，纽曼宗教思想研究的意义逐渐凸显出来。

（七）汉语学界纽曼研究匮乏的原因分析

1. 对于缘何长期以来尤其是在近代，纽曼宗教思想未引起学者的兴趣。有研究者曾对此进行过分析，认为主要是纽曼的思想与时代需求相差甚远，不太契合。纽曼的思考主要还是神学和宗教的思考，难以为急需变革理论的时代提供资源，时代更需要的是"器"而不是"道"。

2. 对于新时期以来纽曼宗教思想仍然迟滞的原因，主要有这样几个：首先，与翻译有关。纽曼著述的中文译本仍很匮乏，目前可见的只有《自辩书》、《大学的理念》和《论基督宗教教义发展》，他的其他的重要著作，尤其是《牛津讲道集》和《赞同的法则》，仍然没有中译本。其次，与纽曼宗教思想的内容特质有关。纽曼宗教思想的核心内容包括教义发展理论和基督信仰的知识地位，这都属于神学和宗教研究中的"硬骨头"，因其缺乏与现代社会和文化直接的相关性而难以引起学者尤其是人文知识分子的研究兴趣，更多的研究仍是来自于教内学者。

二、英语学界纽曼及其启示理解研究综述

（一）20 世纪 60 年代前纽曼研究概述

从纽曼去世至 20 世纪 50 年代，纽曼研究属于草创时期，研究零星，不成系统，研究纽曼的主要代表人物有：沃德、哈劳德、查德威克等。主要研究成果有：

1、纽曼著作的再版

这一时期，主要由郎曼·格林公司负责纽曼著作的再版。涉及讲道集、论著、论争作品、历史作品、散文和小说五大类。

2、纽曼部分日记、书信的出版（包括其在安立甘时期和天主教时期）

纽曼在安立甘时期的书信的出版主要有：《英国安立甘教会时期纽曼书信集》（Edited by Anne Mozley，*Letters and Correspondence of John Henry Newman During His Life in the English Church*，1891），《纽曼与基布尔和其他人的书信集，1839-45 年》（Edited by Birmingham Oratory，*Correspondence of John Henry Newman with Keble and Others，1839-45*，1917）。纽曼天主教时期的书信的出版主要有：《纽曼的一生：基于他的私人日志和日记》（Wilfrid Ward，*The Life of John Henry Cardinal Newman, Based on His Private Journals and Correspondence*，1912），本书以天主教时期的纽曼为重点，1845 年前的纽曼仅占一章内容。

3、传记文学

这一时期纽曼传记文学的代表性作家是胡同和沃德。胡同（Richard H. Hutton）著《纽曼枢机》（*Cardinal Newman*, 1891），这是一本比较简洁的纽曼传记作品。沃德（Wilfrid Ward）著《纽曼的一生》（*Life of Cardinal Newman*，1912, 2 vols.），这是关于纽曼传记的经典著作，主要展示作为思想家和作家的纽曼。

4、纽曼思想研究

这一时期研究纽曼思想的主要代表人物有哈劳德（Charles Frederick Harrold）和查德威克（Owen Chadwick）。哈劳德著有《若望·亨利·纽曼》（*John Henry Newman*, 1945），查德威克则著有《从波叙埃到纽曼》（*From Bossuet to Newman*, 1957）。前者是对纽曼的综合研究，后者则以纽曼的"教义发展"为专题。

（二）20 世纪 60-70 年代纽曼研究概述

六七十年代纽曼研究非常活跃，迎来纽曼研究的"第一春"，标志着真正意义上纽曼研究的开始，出现了一大批纽曼研究的专家，主要有：泰特、德森、瓦格拉维、拉仕等。主要原因在于这一时期梵二会议的召开，纽曼思想在此时重放异彩，成为梵二会议重要的思想资源。这一时期的研究成果和特征主要有：

1. 纽曼日记、书信一手资料的整理出版，这些都成为纽曼研究的基石。《纽曼书信和日记集》（*The Letters and Diaries of John Henry Newman*），从 1961 年开始出版。《纽曼书信集》由德森（C. Stephen Dessain）编辑出版。德森是伯明翰奥斯托利会的神父。当时预计共出版 31 卷，从 1961 年开始出版，先出版纽曼在天主教时期的书信，11-31 卷。纽曼在安立甘时期的书信，1-10 卷，当时计划以后再出。至 2008 年，已经出版到第 32 卷。

2. 1966 年第一届牛津纽曼学术研讨会的召开，标志着纽曼研究开始步入正规化、规模化和系统化的研究阶段。

3. 纽曼传记文学达到一定高度。至今，泰特的纽曼传记（Meriol Trevor, *Newman: The Pillar of the Cloud*）仍经久不衰。

4. 专题研究全面铺开。这一时期纽曼研究的主要成果之一在于专题研究的全面铺开，涉及的主要主题有：纽曼的教义发展理论、圣经观、教宗论、论平信徒、论传统、宗教观以及神学方法论。关于纽曼教义发展理论的代表性研究主要有：瓦格拉维（J.H.Walgrave,O.P.）《纽曼：神学家》（*Newman: The Theologian*），1960 年，拉仕（Nicholas Lash）《纽曼论发展》（*Newman on Development*, Sheed and Ward,1975）。关于纽曼圣经观的代表性研究主要有：由赫默斯和穆瑞（J.Derk Holmes and Robert Murray,S.J.）编辑的《圣经的默感》（*On the Inspiration of Scripture*,G.Chapman,1967）。关于纽曼教宗论的代表性研究主要有：密斯奈（Paul Misner）《教宗与发展：纽曼与教宗首席权（*Papacy and Development, Newman and the Primacy of the Pope*）（E.J.Brill,1976）。关于纽曼论平信徒的代表性研究主要有：古同（Jean Guitton）《教会与平信徒》（*The Church and Laity*，Harper&Row，1965）。关于纽曼论传统的代表性研究主要有：贝默（Guter Bieme）《纽曼论传统》（*John Henry Newman on Tradition*），1966年。关于纽曼宗教观的代表性研究主要有：耶勒（Lee H.Yearley）《纽曼的观念：基督宗教与人文宗教（*The Idea of Newman, Christianity and Human Religiosi*，The Pennsylvania State University Press,1978）。关于纽曼神学方法论的代表性研究主要有：纳瑞斯（Thomas J.Norris）《纽曼及其神学方法》（*Newman and His Theological Method*，E.J.Brill,1977）。

5. 横纵向研究。一方面，研究者注重对纽曼思想与英国传统的关联，主要研究成果包括：库尔森和奥琴（John Coulson and A.M.Allchin）编辑《重新发现纽曼：牛津研讨会论文集》（*The Rediscovery of Newman: An Oxford symposium*，London: Sheed & Ward,1967），维茨贝（Harold L.Weatherby）《纽曼枢机在他的时代中：他在英国神学和文学中的地位》（*Cardinal Newman in His Age,his Place in English Theology and Literature*，Vanderbilt University Press,1973）。另一方面，研究者则重视纽曼思想的现代意义，主要研究成果包括：赫利斯（Christopher Hollis）《纽曼与现代世界》（*Newman and the Modern World*, Catholic Book Club ,1970）。

（三）20 世纪 80 年代纽曼研究概述

80 年代，纽曼研究相对冷却，研究主要集中于下面的一些主题，主要包括：纽曼的圣神论、信仰认识论、良知论以及纽曼与现代主义的关系等。关于纽曼圣神论的代表性研究主要有：马森（Pieer Masson）英文译本《纽曼与圣神：基督徒的生活以及我们时代中的教会》（*Newman and the Holy Sprit：Christian Life and the Church in Our Times*,Taipei,1982）。关于纽曼信仰认识论的代表性研究主要有：阿米奥（Charles R.Amico）《上帝的可知性，根据纽曼与宇宙设计论的争论》（*The Natural Knowability of God According to John Henry Newman with Special Reference to the Argument from Design in the Universe*, Umbaniana University Press,1986），纳博（Clyde Nabe）《神秘与宗教：纽曼信仰的认识论》（*Mystery and Religion：Newman's Epistemology of Religion*,

University Press of America,1988）。关于纽曼良知论的代表性研究主要有：格拉维（S.A.Grave）《纽曼思想中的良知论》（*Conscience in Newman's Thought*, Clarendon Press, 1989）。关于纽曼与现代主义关系的代表性研究主要有：维沃（Weaver M.J.）主编《纽曼与现代主义者》（*Newman and the Modernists*）。

（四）20 世纪 80 年代末至 90 年代纽曼研究概述

80 年代末 90 年代初，纽曼研究再度成为热点，为纪念纽曼逝世一百周年，这一时期出现了大量的研究专著和论文集，涌现出了一大批影响至今的纽曼研究专家，主要有：尹科、摩尔根、杜勒斯、嘉奇等。

1、整体性研究著作

这一时期对纽曼进行整体性研究的主要代表人物是尹科（Ian Ker）。

尹科对纽曼进行整体性研究的第一部代表作为《纽曼论关于作为一个基督徒》（*Newman On Being a Christian*, University of Notre Dame Press,1990）。纽曼的著述主要是针对当时具体问题，因此他并不是一位系统的神学家，并未构建精致的神学理论体系。但该著则是试图对纽曼的神学思想进行系统化的整理，是从系统神学的角度对纽曼进行的研究。主要涉及信仰、启示、救赎、玛利亚信仰、教会、圣礼、死后的生命。

尹科对纽曼进行整体性研究的第二部代表作为《为人类疗伤》（*Healing the Wound of Humanity*, Darton, Longman and Todd Ltd, 1993）。本书主要论述贯穿纽曼整个神学思想，包括信仰论、圣三论、基督论、教会论、圣事论的一条主线或基本特征就是"个体性"。对此，纽曼在其《自辩书》中也曾说："我是一个天主教徒，是因为我相信一个天主；但若问我为什么相信一个天主，我会回答那是因为我相信我自己……"。[3]

2、专题性研究著作

这一时期专题研究主要包括：纽曼与异端，纽曼的宗教思想、信仰认识论等。另外，这一时期还出现了比较研究。兹将这些专题研究与比较研究的成果胪列如下：

纽曼与异端：其中，代表性著作为托马斯（Stephen Thomas）《纽曼与异端》（*Newman and Heresy*, Cambridge University Press,1991）。著者主要考察安立甘时期纽曼对于异端思想的研究及其影响。著者认为，纽曼对异端的理解

3　Apo.,p.180.

与研究与经院哲学家不同，他采取的是一种"修辞"式研究方式。该书第一部分主要考察纽曼与阿里乌主义研究；第二部分论述在1830s，纽曼如何实现撒伯留主义（Sabellianism）与阿伯留主义（Apollinarianism）与他那一时代神学的类比；第三部分讨论异端研究对纽曼的转皈的影响。在1840s，纽曼开始研究五世纪的一性论（Monophysitism），并且这一时期，他又重新研究阿里乌主义，他的研究最终使他做出皈依罗马天主教的决定。

纽曼的宗教思想：其中，代表性著作为摩尔根（Terrence Merrigan）《清醒的头脑与圣洁的心灵：纽曼的神学与宗教观念》（*Clear Head and Holy Heart: The Religious and Theological Idea of John Henry Newman*,Peeters Press, 1991）。瓦格维（Jan Hendrik Walgrave）注意到了纽曼思想的复杂性，而本书著者则是要试图寻到打开这种复杂性的钥匙。在著者看来，纽曼思维观念的根本在于"观念的"（notional）与"真实的"（real）区分，他提出了理解纽曼思想的一种模型，即"对立模型"（modle of polarity）。为此，著者从三个方面进行了阐述：第一、二章提出了一种假设，即"两极"，真实与观念，在纽曼的思想发展与保持其微妙的统一之间。第三章展示具体的两极的紧张，分别是在个人思维与教会"思维"两个层面上。两个层面都体现了纽曼思想的综合性或有机性。

纽曼的信仰认识论：其中，代表性著作为阿赫顿（Rik Achten）《第一原则与我们走进信仰的方式》（*First Principle and Our Way to Faith*, Peter Lang, 1995）。该书主要考察纽曼著作中的"第一原则"及其在信仰实现中的作用。信仰实现是纽曼终生思考的一个问题，用他自己的话而言，就是："如何来看，有的人相信上帝的话，而另一些人却怎么也不会相信。"[4]换言之，面对基督宗教的有限或不怎么令人信服的证据，为何有人信，有人不信，怎么解释这种信。本书主要分两部分：第一部分，著者从哲学的层面论述纽曼"第一原则"的形成背景及其过程；第二部分，从基础神学的层面论述了"第一原则"在自然宗教和基督宗教内的实现。可以说，哲学层面的"第一原则"就是纽曼讲的"推断感"；而基础神学层面上的"第一原则"则是纽曼讲的"良知"概念。

比较研究：其中，代表性著作为卡尔（Thomas K.Carr）《纽曼与伽达默尔》（*Newman and Gadamer*, Scholars Press,1996）。本书作者试图在纽曼的认识论

---

4 O.S.,p.61.

与哲学美学之间建立起某种联系，为此，他将纽曼的哲学思想与伽达默尔的解释学理论整合在一起；在此基础上，提出了信仰认知的三种方式，即象征认知，想象认知和经验认知，这体现了作者美学——解释学的研究思路。

3、论文集

80 年代末 90 年代初，为纪念纽曼去世一百周年，国际学术界召开一系列的学术会议，也出版了一系列的学术论文集和纪念文集。

1989-1990 年出版的一批纪念纽曼逝世一百周年的论文集，主要有：嘉奇（JAKI St.）主编《纽曼在今天》（*Newman Today, Papers Presented at a Conference on John Henry Cardinal Newman. Vol. I.* The Proceedings of the Wethersfield Institute, New York City, 1988, Ignatius Press, San Francisco, 1989.），《鲁汶研究》（Louvain Studies,vol.15,1990），《澳大利亚天主教记录》（The Australian Catholic Record, Centenary of Cardinal Newman. Vol. LXVII, No.3 , 1990），布朗（BROWN D.）主编《纽曼：为我们时代的意义》（*Newman: A Man for Our Time Centenary Essays*, SPCK. London,1990），杰肯斯（JENKINS A.H.）主编《纽曼与现代主义》（*John Henry Newman and Modernism*），尹科（KER I.）主编《百年后的纽曼》（*Newman After a Hundred Years*,Clarendon Press, Oxford,1990），党文（O'DONOVAN T.）主编《纪念纽曼枢机诞辰一百周年会议论文集》（*Symposium On John Henry Cardinal Newman, Centenary Lectures and Papers*, St Mary's College of Higher Education, Strawberry Hill, Twickenham, 1990 ）。

1992-1998 年，其他论文集的出版。综合性的论文集主要有：奥斯坡（ALLSOPP M.E.）主编《纽曼：神学与革新》论文集（*John Henry Newman: Theology and Reform*,Garland Publishing, New York,1992），《天主教档案》中收录的论文（Catholic Dossier , Ignatius Press, San Francisco，1998）。专题性论文集主要有：马吉尔（MAGILL G.）主编《个性与信仰》论文集（*Personality and Belief,Interdisciplinary Essays on John Henry Newman*, University Press of America, Lanham,1994），以"个性与信仰"为主题；柯林德（McCLELLAND V.A）主编《谁的权威？纽曼、曼宁与教宗权》论文集（*By Whose Authority? Newman, Manning and the Magisterium*, Downside Abbey, Bath,1996），以"纽曼、曼宁与教宗权"为主题；杜巴海尔（O'DUBHCHAIR K.）主编《巴林纳纽曼论坛》会议论文集（*Newman Conference Ballina 1996: The Idea of a Catholic*

University in Mayo, Ballina, 1996)，以 "大学教育" 为主题；维斯（ VAISS P. ）主编《从牛津到人民：对纽曼与牛津运动的反思》（ *From Oxford to the People : Reconsidering Newman and the Oxford Movement*, Gracewing，1996 ），以 "对纽曼与牛津运动的反思" 为主题；尹科（KER I. ）主编《纽曼及其皈依》论文集（ *Newman and Conversion*，T&T Clark, Edinburgh，1997 ），以 "纽曼的皈依" 为主题。

4、研究新趋向

20 世纪 80 年代末到 90 年代纽曼研究的新趋向主要表现为新的研究视角和方法的出现。

（1）系统研究。尹科试图将纽曼思想作为一个整体来研究，代表著作是《纽曼论关于作为一个基督徒》和《为人类疗伤》。但作者是以天主教基础神学的框架对纽曼思想重新进行整合的系统研究，并不是从纽曼思想本身所涉及诸概念之内在逻辑进行的系统研究。

（2）宗教学的研究视角。摩尔根一改过去主要从神学或哲学的视角对纽曼进行研究的模式，改从宗教学的角度对纽曼思想进行研究，代表著作是《清醒的头脑与圣洁的心灵》。

（3）诠释学的研究视角。主要有卡尔德《纽曼与伽达默尔》。

（五）新世纪以来纽曼及其启示理解研究概况概述

1、整体性研究著作

传记：曼斯菲尔德著有《真福纽曼》，这是一本为 2010 年 9 月纪念纽曼品列真福的传记。(Dermot Mansfield S.J.,*Heart Speaks to Heart,The Story of Blessed John Henry Newman*,2010)。

著作：嘉奇（Stanley L.Jaki ）著有《纽曼的挑战》（ *Newman's Challenge*, William B.Eerdmans Puublishing Co. ,2000 ）。本书涉及的主题包括：纽曼的皈依、君子论、奇迹观、天使论、教宗无谬误论、科学与进化论，信仰与教会的关系等。这些主题，都是纽曼曾经最为关注，并进行过深入思考的问题。著者尤其强调，纽曼的挑战对于今日天主教知识分子的启发意义在于，天主教知识分子应该坚持自己的护教之责。另外，杜勒斯（ Avery Cardinal Dulles S.J. ）著有《纽曼》（ *Newman*,Continuum , 2002 ），这是一本介绍纽曼神学思想的简洁、可读性较强的作品。作者的基本思路是：以系统的方式考察纽曼对经典神学问题的思考，并且注意将纽曼神学思想与梵二会议结合起来。作者强调，纽曼最大的遗产在于他关于理性与信仰关系的论述和他的教义发展理论。该著研究方法与尹科类似，都是采用系统研究的方法，也是以基本的神学议题为框架对纽曼思想的整合。但这种方法，具有"无中心性"。只有立足于纽曼思想中的概念本身，才能找到其思想的核心和内在架构。该著主要内容包括："纽曼的朝圣之旅"，"救赎、称义与成圣"，"信仰与理性"，"基督宗教的依据"，"启示、教义与发展"，"教会作为启示的机关"，"神学家和平信徒的作用"，"天主教与基督宗教其他派别"，"大学的理念"，"对纽曼的反思"。

2、专题研究著作

这一时期主题性研究主要包括：纽曼的神学思想渊源，纽曼的皈依与良知论，纽曼与自由主义的关系，纽曼的知识论等。兹分别说明之。

纽曼神学思想渊源：代表性著作为金（Benjamin John King）《纽曼与亚历山大教父》（*Newman and the Alexandrian Father*,Oxford University Press，2009）。本书主要论述亚历山大教父对于纽曼一生不同阶段的影响。纽曼一生的三个阶段是指：早年牛津时期，中年提出"教义发展"理论时期和晚年任枢机主教时期。作者指出，正是通过亚历山大教父，纽曼才认识到现代的变化其实是建立在过去的正统真理之上的。本书的研究特点在于：以往研究纽曼与亚历山大教父关系较为笼统，但本书作者则细致讨论了究竟是哪些作家，在哪些时候，怎样影响了纽曼的思想，以及纽曼的吸纳、反思与更新。亚历山大教父对纽曼神学思想的影响主要表现在：圣三论，基督论和教义发展理论。

纽曼的皈依与良知论：代表性著作为科恩（Walter E.Conn）《纽曼的皈依与良知论》（*Conscience&Conversion in Newman*,Marquette University Press,2010）。本书主要论述了纽曼的三次皈依经历以及良知在其中的地位和作用。纽曼的三次皈依分别是指：皈依加尔主义的福音派，皈依安立甘——天主教，皈依罗马天主教。作者在本书提到了皈依的方式，即：道德的皈依，情感的皈依，批判性道德的皈依，宗教皈依和良知皈依。作者在其著中提到了良知的三个维度，即：渴求，辨识和要求。（Desire,Discernment and Demand）

纽曼与自由主义：代表性著作为孟银（Ambrose Mong Ih-ren）《纽曼的自由精神与反自由主义的论述》（*The Liberal Spirit and Anti-Liberal Discourse of John Henry Newman*,Peter Lang, 2011）。该着论述了纽曼与自由主义的关系，

主要包括：基本观点，纽曼在自由主义与反自由主义之间保持一定的平衡；第二章，奥利尔学院时期纽曼对"理智派"的反对；第三章，纽曼对自由主义的批判以及对宗教教义原则的捍卫；第四章，纽曼与自由天主教运动；第五章，纽曼对基督宗教的理解与现代宗教多元论的关系。

纽曼的知识论：主要有三部代表性专著：默莱思奇（Martin X.Moleski,S.J.）《个人化的天主教信仰》（*Personal Catholic* ,The Catholic University of America Press ,2000），理查登（Laurence Richardson）《纽曼的知识论研究》（*Newman's Approach to Knowledge*,Gracewing,2007），鲁伯特（Jane Rupert）《纽曼关于思维性质的论述》（*John Henry Newman On the Nature of the Mind*,Lexington Books,2011）。

3、论文集

2001 年是纽曼诞辰 200 周年，前后出版诸多论文集。综合性的论文集主要有：《漫谈纽曼》（The Newman Rambler ，2001））。2001 年都柏林举办纽曼诞辰 200 周年纪念，2002 年《弥尔顿研究》收录是次会议论文。（J. H. Newman A Resource for Today. Papers from the Bicentenary Conference, Dublin 2001, Milltown Studies 49 ，2002）。主题性论文集主要有：由摩尔根和伊科合编《纽曼与圣言》（Edited by Terrence Merrigan &Ian T.Ker ,*Newman and the Word* ,Peeters Press,2000），以"纽曼与圣言"为主题；《基督宗教国际杂志》（ International Journal for the Study of the Christian Church, Edited by G. ROWELL and C. HALL, T&T Clark, Dorset 2001），以纽曼"教会论"为主题；尹科主编《纽曼与信仰》（Edited by Ian T.Ker &Terrence Merrigan ,*Newman and Faith*, ,Peeters Press,2004），以"纽曼与信仰"为主题。

2010 年，罗马教廷为纽曼品列真福，在此前后也出现了诸多论文集。整体性、普及性的论文集主要有：莱费博瑞（LEFEBVRE Ph. and MASON C.）主编《纽曼与他的时代》（*John Henry Newman in His Time*, Family Publications, Oxford，2007），摩尔根主编《若望·亨利·纽曼》（Edited by Terrence Merrigan &Ian T.Ker, John Henry Newman, Cambridge University Press,2009），尹科主编《纽曼研究剑桥指南》（Edited by KER I., MERRIGAN T., *The Cambridge Companion to John Henry Newman*，Cambridge University Press, Cambridge，2009），《鲁汶研究》（Louvain studies,vol35,2011），特纳主编《纽曼神学导读》（ TURNER G.: *The Theology of John Henry Newman: Introduction*. Catholic

Theological Association, 2010 Conference Papers. New Blackfriars，92,2011)。主题性论文集主要有：莱费博瑞主编《纽曼：教会博士》(LEFEBVRE Ph. and MASON C., *John Henry Newman Doctor of the Church*, Family Publications, Oxford 2007)，以纽曼的"教会论"为主题；摩尔根主编《纽曼与真理》(Edited by Terrence Merrigan &Ian T.Ker,*Newman and the Truth* ,Peeters Press,2008)，以"纽曼与真理"为主题。

4、《纽曼研究》及其他刊物论文分类汇总

纽曼研究的刊物主要有：《纽曼研究》、《鲁汶研究》和《爱尔兰神学季刊》，兹将其中涉及纽曼的论文以主题形式进行汇总。

（1）传统热点问题：在主题上主要涉及纽曼的教义发展理论、"教宗无谬误论"、知识论、与梵二会议的关系、与现代主义的关系；在研究方法上，主要是纽曼与不同时代、不同国度的神学家、哲学思潮及哲学家、思想家及思想传统的对比研究。兹分别说明之。

教义发展理论：新世纪以来，《纽曼研究》所收录的关于纽曼教义发展的四篇论文主要涉及两个层面的问题：教义检验的"标准"；教义与历史的关系。其中后者值得继续进行深入考察。四篇论文分别是：卡勒林《纽曼教义真正发展的'检验'或'注解'在今天仍有效吗？"》(Gerard McCarren，*Are Newman's "Tests" or "Notes" of Genuine Doctrinal Development Useful Today?* Newman Studies Journal, vol.1., 2004)，施厄《纽曼、佩罗内和穆勒关于教义与历史的论述：对于"纽曼——佩罗内论教义发展"的再评价"》(C. Michael Shea, *Newman, Perrone, and Möhler on Dogma and History: A Reappraisal of the "Newman-Perrone Paper on Development"*, Newman Studies Journal，vol.7.，2010)，塞勒《对立史料的两种利用方式：纽曼与吕巴克》(Robert Saley，*Two Models of Figural Historiography: Newman and De Lubac*，Newman Studies Journal，vol.7.，2010)，阮银珠《与真理相遇：纽曼〈论基督宗教教义发展〉中的神学方式》(Sr. Chau Nguyen, *Encountering Truth: Newman's Theological Method in AN ESSAY ON THE DEVELOPMENT OF CHRISTIAN DOCTRINE*, Newman Studies Journal，vol.8.，2011)。

纽曼的良知论："良知"是纽曼宗教思想的核心概念之一，新世纪以来，研究纽曼"良知论"的主要代表人物是科恩（ Walter E.Conn)。专著有：科恩的《纽曼的皈依与良知》(2010)。文章有：科恩《纽曼论良知》(Walter E. Conn,

Newman on Conscience，Newman Studies Journal，vol.6.，2009）。通过考察纽曼关于良知论述的最重要的书信《致诺福克公爵》（*Letter to the Duke of Norfolk*，1875），该文概述了纽曼一生对良知问题的反思，从他的安立甘时的讲道到《赞同的法则》（1870），从三个方面进行了阐述：渴望、辨识和要求。

纽曼的知识论（纽曼论基督信仰的知识地位或信仰认识论）：纽曼的知识论一直是纽曼研究中的重点课题，它主要涉及三个层面的问题：理性与信仰的关系，基督信仰的知识地位，基督信仰的认识论。《纽曼研究》中关于纽曼知识论的文章主要有：特利尔《纽曼关于信仰与确定的论述中的一种'观念'的含蓄模式》（Stephanie Terril, *An Implicit Model of "Conception" in the Theological Papers of John Henry Newman on Faith and Certainty*，Newman Studies Journal，vol.1.，2004），西里奥《"许多微妙的影响"：纽曼十三篇讲道中关于信仰与理性之关系的理解》（David Delio，*A "Multitude Of Subtle Influences": Faith and Reason in Newman's Thirteenth Oxford University Sermon*，Newman Studies Journal，vol.5.，2008），科瑞斯坦《早年纽曼论信仰与理性》（Andreas Koritensky, *The Early John Aenry Newman on Faith and Reason*, vol.14.，2017）米勒《论纽曼〈牧职讲道集〉和〈赞同的法则〉中信仰与赞同的合理性》（Alexander B. Miller, *The Reasonableness of Faith and Assent in Newman's* Parochial and Plain Sermons and Grammar of Assent，Newman Studies Journal，vol.7.，2010），麦德克斯《纽曼：确定知识和"标准问题"》（Marty Miller Maddox, *Newman: Certain Knowledge and "The Problem of the Criterion"*, Newman Studies Journal, vol.4.，2007），林德勒《论纽曼知识论中的或然性和救赎计划》（Dwight A. Lindley III, *Probability and Economy in Newman's Theory Of Knowledge*, Newman Studies Journal, vol.7.，2010），斯特沃特《纽曼与费尔邦（Andrew Martin Fairbairn）：哲学的怀疑主义与〈现代评论〉中的理性的功效》（Adam Stewart, *John Henry Newman and Andrew Martin Fairbairn: Philosophical Scepticism and the Efficacy of Reason in The Contemporary Review Exchange*, Newman Studies Journal, vol.7.，2010），维尔贝格《纽曼与经验主义》（Ryan Vilbig, *John Henry Newman and Empiricism*, Newman Studies Journal, vol.10.，2012），雨果斯《论帕斯卡尔对纽曼的影响》（Brian W. Hughes, *Une Source Cachée: Blaise Pascal's Influence upon John Henry Newman*, Newman Studies Journal, vol.7.，2010），弗德《纽曼接近信仰的

合理方式》（John T. Ford, Newman's Reasonable Approach to Faith, Newman Studies Journal, vol.8., 2011），奴斯伯格《纽曼关于基督信仰传达的艺术》（Danielle Nussberger, *John Henry Newman's Art of Communicating Christian Faith*, Newman Studies Journal, vol.8., 2011）。

纽曼与教宗制：关于纽曼与教宗制的文章主要有：金《纽曼与加瑟尔（Vincent Gasser）关于"教宗无谬误论"的立场：梵蒂冈第一和第二次大公会议》（Lawrence J. King, *Newman and Gasser On Infallibility: Vatican I and Vatican II*, Newman Studies Journal，vol.8.，2011）。

对梵二会议影响：关于纽曼与梵二会议的关系的文章主要有：杜勒斯《对纽曼的反思》（Dulles，S.J.，*Newman in Retrospect*, Newman Studies Journal, vol.1.，2004），克劳斯《纽曼：可以称为教父吗？》（Lawrence Cross, *John Henry Newman: A Father of the Church?* Newman Studies Journal, vol.3.，2006）。

纽曼与现代/后现代主义：纽曼与现代主义的关系属于传统热点问题，与后现代主义的关系则属于新热点问题。主要文章有：巴伦《后现代视野中的纽曼》（Robert Barron，*John Henry Newman Among the Postmoderns*, Newman Studies Journal，vol.2.，2005），塔拉《现代主义时期纽曼在法国：皮埃尔·巴迪福（Pierre Batiffol）与马克尔·赫伯特（Marcel Hébert）》（C.J.T.Talar, *Newman in France During the Modernist Period: Pierre Batiffol and Marcel Hébert*, Newman Studies Journal, vol.2., 2005）。

纽曼比较研究：纽曼比较研究主要包括：纽曼与古代神学家的比较，如与奥斯定、安瑟伦的比较；与现当代天主教和新教神学家的对比，主要神学家有：博絮埃、拉纳尔、龚加尔、巴尔塔萨、郎尼根、哈纳克（A.Harnack, 1851-1930）等。与近代英国和欧洲哲学家的关系，主要有：洛克、黑格尔、康德以及英国的新柏拉图主义。与现代哲学思潮的关系，主要包括：存在主义、结构主义、解释学与现象学。与现代哲学家的关系，主要哲学家有：布伯（M.Buber,1878-1965）、布隆代尔、麦西埃（D.Mericer,1851-1926）、伽达默尔、胡塞尔和维根特斯坦。与现代思想家的关系，主要思想家有：阿诺德（M.Arnold,1822-1888）、切斯特顿（G.K.Chesterton,1874-1936）、沃格林（E.Voegelin,1901-1985）、麦金泰尔（A.C.MacIntyre,1929-）。另外也有比较纽曼与宗教心理学家詹姆斯（W.James,1842-1910）的文章。

（2）研究新热点：新世纪以来，纽曼宗教思想研究出现了一些新的热点问题，主要包括：纽曼与异端研究，纽曼早期讲道集与其天主教时期思想的关联性，纽曼的三一神学，纽曼关于宗教与科学之关系的认识，纽曼论平信徒的地位与作用，纽曼神学特征，纽曼的宗教思想，纽曼的历史观，纽曼与维多利亚时代，纽曼的社会政治思想等。当然，需要说明的是，这些热点问题并不是全新的热点问题，在以往的研究中，对其中的很多问题，研究者都曾注意过。这里所谓的新热点问题，是指新世纪以来，这些问题或者重新引起研究者的研究兴趣，或者研究更为集中、系统和深入。

纽曼与异端：纽曼与异端的关系在 90 年代开始成为新热点问题，新世纪以来，涉及该主题的主要论文有：杜勒斯《纽曼与异端》（Avery Cardinal Dulles, S.J., *Newman and the Hierarchy*, Newman Studies Journal, vol.2. , 2005），邓顿《1839 年纽曼的发现：接受奥斯定、泰孔尼、多纳图和一性论的教训》（Andrew Denton, *John Henry Newman's Anagnorisis of 1839: Lessons From Augustine, Tyconius, and the Donatist and Monophysite*, Newman Studies Journal, vol.8. , 2011）。

纽曼早期讲道集研究：自 2004 年《纽曼研究》创刊以来，专门开辟"讲道研究"，对纽曼早期安立甘教会时期的讲道进行全方位的研究。围绕纽曼早期讲道集，最初研究者对其《牛津讲道集》研究较多。在《牛津讲道集》中，纽曼对于理性与信仰的关系有较多的论述，所以研究者也基本上以此为考察的重点，并注意到这一讲道集中所体现的纽曼的哲学思想与后来《赞同的法则》中哲学思想的一致性。《纽曼研究》在继续深入《牛津讲道集》研究的同时，也注意到纽曼另一讲道集即《牧职讲道集》的研究。相关研究涉及到主题有：纽曼讲道的基本特征、圣经基础、圣神论、基督论、圣三论、理性与信仰的关系等。研究者在研究过程中，也逐渐出现了综合、系统研究的趋向，即试图去重构纽曼的"三一神学"。需要指出的是，对于纽曼早期讲道集的研究，并非是要割裂纽曼安立甘时期与天主教时期的思想，事实上正好相反，研究者是要通过这种研究，来揭示纽曼思想前后发展内在的逻辑统一性。

纽曼与圣三论：研究者对纽曼与圣三论的研究经历了一个不断深入的过程。早期的研究者，主要研究纽曼在基督论上与古代教父的关联性；80 年代，研究者开始关注纽曼的圣神论思想，代表是由马森（Pieer Masson）翻译的英文本《纽曼与圣神：基督徒的生活以及我们时代中的教会》（*Newman and the*

Holy Sprit：Christian Life and the Church in Our Times, Taipei,1982）；新世纪以来，研究者则注意将基督论、圣神论结合起来，试图建构完整的纽曼"三一神学"观。这一时期，主要文章有：蒙格瑞《纽曼关于教会灵修生活的论述》（Kevin Mongrain，*John Henry Newman On Ecclesial Spiritual Life*，Newman Studies Journal，vol.5.，2008），格雷厄姆《纽曼关于'圣三奥妙'的讲道：对于理查德·惠特利德回应？》（*Donald Graham，Newman's Sermon on "The Mystery of the Holy Trinity":A Response to Richard Whately?* Newman Studies Journal，vol.5.，2008），刘强《纽曼〈牧职讲道集〉中的"三一神学"》（Vinh Bao Luu-Quang, *Newman's Theology of the Immanent Trinity in His Parochial And Plain Sermons: 1829-1834*，Newman Studies Journal，vol.7.，2010）。

　　纽曼关于神学与科学关系的论述：新世纪以来，纽曼关于神学与科学关系的论述成为纽曼研究的一个热点问题。专著主要有：默莱思奇的《个人化的天主教信仰》。相关论文则多见于《纽曼研究》。研究者多以纽曼的《大学的理念》为资源，从知识论的角度深入挖掘纽曼关于神学与科学关系的认识。研究者还注意到纽曼的相关观点与自然神学家的历史关联性。最后，还有研究者比较具体地考察纽曼与进化论的关系。主要论文有：弗拉德《神学的平衡：神学在纽曼的〈大学的理念〉中的地位及其与当代神学家的关联》（John Rogers Friday, *Theology In Balance: The Role Of Theology In Newman's University And Its Relevance To Contemporary Theologians*, Newman Studies Journal, vol.4.，2007），弗德《纽曼：神学与科学的联系》（John T. Ford, C.S.C., *John Henry Newman: The Relationship Between Theology And Science*, Newman Studies Journal, vol.4.，2007），弗莱契《纽曼与自然神学》（Patrick J. Fletcher, *Newman and Natural Theology*, Newman Studies Journal, vol.5.，2008），蒙根《信仰之眼：纽曼对于来自设计论的批评》（Kevin Mongrain, *The Eyes Of Faith: Newman's Critique Of Arguments From Design*, Newman Studies Journal, vol.6.，2009），米勒《纽曼对于信仰与科学紧张关系的化解：创造论、进化论和理智设计论》（Edward Jeremy Miller, *Newman On the Tension Between Religion and Science: Creationism, Evolution and Intelligent Design*, Newman Studies Journal, vol.7.，2010），维贝格《纽曼对"达尔文理论"的认识》（Ryan Vilbig, *John Henry Newman's View of the "Darwin Theory"*, Newman Studies Journal, vol.8.，2011）。

纽曼论平信徒的地位与作用：论文主要有：塔拉《平信徒作为进步的一个因素：纽曼与弗里德里希·黑格尔（Friedrich von Hügel）》（C.J.T. Talar, *The Laity As a Factor of Progress: John Henry Newman and Friedrich von Hügel*, Newman Studies Journal，vol.3., 2006），鲁坡特《爱尔兰天主教大学中平信徒的信仰陶成》（Jane Rupert, *Religious Formation of the Laity at the Catholic University of Ireland*, Newman Studies Journal, vol.3., 2006），克利《平信徒神学：一项发展中教义》（William J. Kelly, S.J., *A Theology of the Laity: A Doctrine in Development*, Newman Studies Journal, vol.3., 2006），克利《纽曼：为平信徒辩护》（William J.Kelly, S.J., *John Henry Newman: Apologist for the Laity*, Newman Studies Journal, vol.9., 2012）。

纽曼神学特征：对于纽曼神学特征，传统的理解是具有"个体性"，但新的研究则表明，纽曼的神学也具有"处境化"之特征。而最新开展的"纽曼神学与想象"的研究，则又从另一个层面揭示了纽曼神学所具有的"美学"特征。主要论文有：克里斯托《个人神学的肇始》（Robert Christie, *The Beginning of His Personalist Theology*, Newman Studies Journal, vol.2., 2005），弗德《作为处境神学家的纽曼》（John T.Ford,C.S.C., *John Henry Newman As Contextual Theologian*, Newman Studies Journal, vol.2., 2005）。

纽曼的宗教思想：最早开始对纽曼的宗教思想进行研究是在 70 年代末，主要研究者是耶勒（Lee H.Yearley）著《纽曼的观念：基督宗教与人文宗教》（*The Idea of Newman, Christianity and Human Religiosity*, The Pennsylvania State University Press,1978）。90 年代以来，纽曼宗教思想再次受到研究者的重视，主要代表人物是摩尔根（Terrence Merrigan），他著有《清醒的头脑与圣洁的心灵：纽曼的神学与宗教观念》（*Clear Head and Holy Heart: The Religious and Theological Idea of John Henry Newman*, Peeters Press,1991）。后来，《纽曼研究》有两篇论文涉及这一主题。主要文章有：罗森伯格《纽曼关于自然与启示宗教之关系的理解：他的〈牛津讲道集〉和〈赞同的法则〉》（Randall Rosenberg, *Newman On the Relationship Between Natural and Revealed Religion: His University Sermons and Grammar of Assent*, Newman Studies Journal, vol.4., 2007），奥格斯《纽曼对犹太教的安立甘观点》（Steven D. Aguzzi, *John Henry Newman's Anglican Views On Judaism*, Newman Studies Journal, vol.7., 2010）。

纽曼与历史：最近的研究文章是凯利《纽曼及其历史著作》（Stephen Kelly，*John Henry Newman and the Writing Of History*，Newman Studies Journal，vol.8.，2011）。

纽曼与维多利亚时代：从八十年代起，对纽曼与维多利亚时代的关系的研究经历了一个变化的过程。最初强调纽曼作为维多利亚时代的"牧师"之职，后来研究则注重从维多利亚时代精神的角度来反思纽曼的宗教思想，将纽曼思想放入宏大的历史时空中加以考察。论文主要有：《纽曼与维多利亚时代的怀疑精神》（KENNY A.: *Newman and Victorian Doubt*. New Blackfriars, 92. 2011, 1038, 157-169.）《纽曼与维多利亚怀疑主义的源头》（GRIFFIN J. R., *Cardinal Newman and the Origins of Victorian Skepticism*. The Heythrop Journal, 49.（2008）6. 980-994.）《纽曼、唯智论与维多利亚完美主义》（MILLER A.H.,*John Henry Newman, Knowingness, and Victorian Perfectionism*. Texas Studies in Literature and Language 45 （2003）92-113.）《信仰的维多利亚式方式，纽曼遗产：1》（NEWSOME D.,*Victorian Ways of Faith. The legacy of John Henry Newman: 1*. The Tablet February 24, 2001, 264.）《纽曼与维多利亚时代的个我：从〈得与失〉到〈生命之歌〉》（PECK J., *Newman and the Victorian Self: From Loss and Gain to the Apologia*. New Blackfriars 78 （1997）85 - 95.），《维多利亚时代的信仰》（MOORE James R., *Religion in Victorian Britain*, Sources, Vol. 3, Manchester University Press, Manchester 1991, pp.545），《小说中的良知：密尔、纽曼与维多利亚时代的阅读》（LOESBERG J., *Fictions of Consciousness. Mill,Newman and the Reading of Victorian Prose*. Rutgers University Press, London 1986.），《纽曼：维多利亚时代的理智牧师》（O'CONNELL M. R., *Newman: The Victorian Intellectual as Pastor*, Theological Studies XLVI （1985/2）329 - 344.）

纽曼的社会政治思想：早期研究者曾关注过纽曼的社会政治思想，主要专著有：科内（Terence Kenny）《纽曼的政治思想》（*The political Thought of John Henry Newman*, 1957），近些年来，纽曼的社会政治思想重新受到学者们的关注。肖特《一个更好的国家：纽曼公众生活的概念》（Edward Short, *A Better Country: Newman's Idea of Public Life*，Newman Studies Journal，vol.2.，2005）。

其他热点问题：纽曼研究的另一重镇《鲁汶研究》还涉及到其他关于纽曼宗思想的新议题，主要有：纽曼论神学的实践（1989），纽曼对独身和婚姻的认识（1997），纽曼道德论中的形象与真理（1999），纽曼关于文明的论述（2001），纽曼早期作品中比喻的运用（2002），纽曼围绕诚实的论争（2011）。

5、纽曼启示理解研究

启示概念及其理解是纽曼神哲学思想和宗教思想的应有之义，研究其启示理解，有助于深入把握其宗教观、信仰观、知识观、大学观等。相反，忽视对纽曼启示理解的研究，就难以对纽曼的神哲学思想和宗教思想形成全面系统的认识，启示理解是打开"纽曼之谜"的莞钥。近年来，学界已经开始重视对纽曼启示理解的研究，涉及的主题也比较广泛。下面将分别说明。

启示宗教与自然宗教。"自然神学"、"自然宗教"是纽曼宗教思想中的重要概念，他是在与自然宗教的关系中讨论启示宗教的。较早研究纽曼这一主题的著作为耶勒《纽曼的观念：基督宗教与人文宗教》（1978）。著者从"比较宗教研究"（comparative study of religion）的角度对纽曼思想重新进行梳理，对"自由宗教"、"自然宗教"、"人文宗教"及其与基督宗教的关系分别进行了阐明。阿赫顿在其《第一原则与我们走进信仰的方式》中将该项研究继续向前推进，著者指出，包括自然宗教、启示宗教在内的一切宗教信仰的"第一原则"就是"良知"，上帝通过人的良知进行启示。另外一部研究纽曼关于自然宗教与启示宗教关系的著作为默莱思奇的《个人化的天主教信仰》，其中著者论述了上帝向人启示的"个我性"、"主体性"之特性。

启示、教义与发展。启示与教义，启示、教义的历史发展属于基督宗教教义理解的重大神学问题，也是纽曼对之进行过深入思考与研究的问题。较早研究有查德威克的《从波叙埃到纽曼》（1957），其中著者就重点考察过纽曼关于启示、教义的历史发展问题的认识。后来，杜勒斯在其《纽曼》（2002）中有专门讨论纽曼关于"启示、教义与发展"认识的章节，其中著者论述了四个问题，分别是：启示通过圣经和传统得以传承，启示既是形象又是观念，教义是启示的观念表达，教义的历史发展。孟银在其《纽曼的自由精神与反自由主义的论述》（2011）中，明确提出了纽曼对于启示与历史关系的基本观点，即，上帝在历史中"自我启示"，这应该是对纽曼在此问题认识上的准确捕捉与把握。

作为奥秘的启示。上帝启示不仅涉及外在历史性以及内在主体性两个维度，同时它也包含神秘性之维度。有研究者已经注意到纽曼的这种启示理解。赫默斯、穆瑞主编《圣经的默感》（1967）。马格拉斯（Francis McGrath）在其著作《若望·亨利·纽曼论普遍启示》（John Henry Newman:Universal Revelation,Mercer University Press,1997）中，有专章论述"启示与神秘"。

启示与科学。纽曼在《大学的理念》中对神学与科学的关系有独特的认识，相关研究也屡见不鲜，但对于纽曼关于启示与科学关系的研究则较为罕见。肯特（John Kent）在《纽曼与科学》（《鲁汶研究》第15期，1990）中，比较笼统地梳理了纽曼的相关认识，并进一步阐发了纽曼的相关认识在现代天主教思想中的意义。

启示的哲学基础。"类比"概念是中世纪经院神哲学家们使用的一个重要概念，他们以此来建立论证上帝存在及其启示的哲学基础，后来的自然神论者也多从这一概念出发来建构他们的神学思想。纽曼在其启示理解中较少运用这一概念，但其中却包含了"类比"的思维与思想，在他看来，"可见的世界"就是那"不可见的世界"的倒影。纳瑞斯在《纽曼及其神学方法》中，论述了"类比"思想在纽曼的神学建构与启示理解中的地位与作用。

与现代主义者启示理解的比较。纽曼的启示理解对后来的天主教现代主义者有深刻的影响，两者既有关联，又有区别。相关研究文章有达利（Gabriel Daly）的《纽曼、神圣启示与现代主义者》（《纽曼与言》，2000）。另外，达利在其著作《超越与内在：对天主教现代主义与整体论的研究》（Transcendence and Immanence: A Study in Catholic Modernism and Integralism, Oxford: Clarendon Press, 1980）中，他以现代主义者特列尔为例指出，与纽曼相比，现代主义者的启示理解更具有"经验"之特性。

需要指出，上述关于纽曼启示理解虽然涉及各种主题，但都分散于各种著述之中，并非专门性的专题研究。与此同时，学界对纽曼启示理解的系统研究已初露端倪。伊科在《纽曼论关于作为一个基督徒》（1990）中，从四个方面论述了纽曼的启示理解，分别是："非基督宗教主义、自然宗教与良知"、"人格与命题"，"教会与圣经"和"教义的发展"。迄今，对纽曼启示理解进行系统研究最具有代表性的著作为马格拉斯的《若望·亨利·纽曼论普遍启示》，著者主要论述了三个问题：纽曼启示理解的发展，纽曼启示理解的主题和纽曼启示对20世纪神学的影响。该著在纽曼启示理解研究中具有开创性意义，但仍存在诸多遗憾，例如缺乏对纽曼启示理解的阶段性特征的概括，对纽曼启示理解的外延，即启示与理性以及知识和教育的关系没有涉及，对纽曼启示理解的神学影响的论述也比较粗略等等。

综上，国内外对纽曼启示理解的研究仍处于初步阶段，需要在以下几个方面继续推进。首先，纽曼启示理解的形成与发展脉络。为此，需要结合纽曼一生的三次皈依经历来对其启示理解进行历史梳理。其次，纽曼启示理解的基本内涵与外延。尽管既有的研究已在不同角度，不同层面有所涉及，但却缺乏有效的整合。为此，需要整合纽曼关于启示与宗教，启示与理性，启示与知识和教育关系及其内在关联的相关认识。最后，纽曼启示理解的基本特征。为此，需要在现代和后现代哲学的语境下重新审视纽曼的启示理解，进而揭示纽曼启示理解的独特之处与深远影响力。

（六）概论纽曼及其启示理解研究的几个阶段与特征

1890-1959 年。从纽曼去世至 20 世纪 50 年代，为纽曼研究的第一阶段，属于纽曼研究的草创时期。这一时期纽曼研究的侧重在于纽曼主要著述、部分日记、书信与纽曼传记文学的出版，这些成为后来纽曼研究的重要资料和文献资源，奠定了纽曼研究的基础。这一时期，围绕纽曼神哲学思想的研究一个值得关注的问题是，纽曼与 20 世纪初天主教现代主义的关系问题。当时的现代主义者如英国的特列尔等将纽曼视为是现代主义的鼻祖，纽曼是否与现代主义者有直接的关联成为后来研究者一直争论的问题之一，这种论争也推动了纽曼研究。

20 世纪六七十年代。这一时期，纽曼研究非常活跃，迎来纽曼研究的"第一春"，标志着真正意义上纽曼研究的开始，出现了一大批纽曼研究的专家，主要有：泰特、德森、瓦格拉维、拉仕等。主要原因在于这一时期梵二会议的召开，纽曼思想在此时重放异彩，成为梵二会议重要的思想资源。这一时期取得了丰硕的研究成果，主要包括纽曼日记与书信的出版，围绕纽曼思想各个主题的研究论著的出现。

20 世纪 80 年代末到 90 年代。80 年代，纽曼研究相对冷却，但进入九十年代后，纽曼研究再次升温。这一时期，为了纪念纽曼逝世一百周年，出现了大量的研究专著和论文集，出现了一大批至今仍然影响纽曼研究的重要专家，主要有：尹科、摩尔根、杜勒斯、嘉奇等。这一时期，纽曼研究出现了一些新的视角和方法，主要包括系统研究、宗教学研究和诠释学研究的展开。

2000-至今。新世纪以来，有两个事件的发生使得纽曼再次成为学界关注的焦点，一个是 2001 年纪念纽曼诞辰两百周年，另一个则是 2010 年罗马教廷为纽曼列真福品，学界为此进行了一系列学术纪念活动，纽曼研究全面繁荣。这一时期，纽曼研究出现了一些新的研究热点，主要包括：纽曼关于平信徒在教会中的地位与作用的认识，纽曼关于科学与信仰关系的认识等，研究者更加注重纽曼思想的现实意义，在研究方法上也多采用跨学科的研究方法。

（七）英语学界及汉语学界对纽曼及其启示理解研究的不足

整体研究。英语学界对纽曼的整体研究始于 20 世纪 40 年代，代表人物是哈劳德，60 年代进行整体研究的代表人物是瓦格拉维，90 年代以来的主要代表人物则是尹科、杜勒斯和摩尔根。尽管他们都以不同的进路对纽曼神哲学思想及启示理解进行整体性的综合研究，但他们基本都是以基督宗教基础神学的框架对之进行整合，缺乏立足于纽曼神哲学思想本身所涉及诸概念之内在逻辑进行研究。尽管纽曼并非经院神学家，但通过运用历史学与诠释学的方法，仍然可以重构纽曼思想及其启示理解中诸概念之间的有机联系，从而对其启示理解及宗教思想的形成、整体与特征有所揭示。

专题研究。汉语学界偏重对纽曼教育思想的研究，对其神哲学思想和宗教思想的研究还非常匮乏。与之相比，英语学界对纽曼思想的专题研究已经取得众多的成果，但是仍然存在一定的研究不足，对一些主题的研究还并不充分，主要有：纽曼在牛津运动时期对英国安立甘教派身份认同的重构，纽曼的"历史神学"，想象在纽曼自由教育思想中的地位与作用，纽曼思想与维多利亚时代文化的关系，纽曼的社会关怀等。

研究方法。对于纽曼及其启示理解的研究，研究者主要还是以神哲学的研究方法为主，通过运用基督宗教神哲学的基本概念、基本框架来对纽曼思想进行研究。同时，研究者也注意运用比较研究的方法，注意纽曼神哲学与其他神哲学思潮和神哲学家的对话关系，以凸显纽曼神哲学的深远的历史影响。90 年代以来，出现了从宗教学角度研究纽曼思想的新视角，也取得了一定的成果；但研究并不充分，纽曼思想中的诸多主题都可以通过运用宗教学的一些分支学科，如宗教哲学、宗教心理学、宗教现象学、宗教批评学等，重新进行研究，这样才能使纽曼思想走出"护教学"的藩篱，获得更为开放的视野。

第三节　研究资料、方法和创新之处

一、研究资料

本书所运用的资料主要有纽曼著作、日记和书信集、相关研究著作与论文。

（一）纽曼著作

1、讲道集

包括：《本堂和一般讲道集》（*Parochial and Plain Sermons*），八卷本，1834-1843 年；《主日讲道集》（*Sermons on Subjects of Day*）和《牛津大学前的讲道集》（*Sermons Preached before University of Oxford*），最早都是在 1843 年出版；《论联合敬拜》（*Mixed Congregations*），1849 年；《其他各种讲道集》（*Sermons Preached on Various Occasions*），1857 年。

2、主要论著

包括：《论四世纪的阿里乌主义者》（*Arians of the Fourth Century*），1833 年；《论称义的教义》（*Lectures on Justification*），1838 年；《论基督宗教教义发展》（*Development of Christian Doctrine*），1845 年；《大学的理念》（*Idea of a University*），1852-1859 年；《赞同的法则》（*Grammar of Assent*），1870 年。

3、论争作品

其中,《论安立甘教会的中庸之道》（*Via Media*），两卷，第一卷是对于 1837 年一篇文章《论教会的先知角色》（*On the Prophetical Office of the Church*）的再版；第二卷是 1830-41 年《时论》（*Tracts*）和《散论》（*Essays*）的汇总。《安立甘信徒对天主教教导的一些疑惑》（*Difficulties of Anglicans*），两卷，第一卷是对 1850 年演讲的再版。第二卷包括《致皮由兹的关于他的和平提议的一封信》（*Letter to Pusey on Occasion of His Eirenicon*），1866 年；《关于格莱斯顿先生的规劝致诺富克公爵的一封信》（*Letter to the Duke of Norfolk*），1875 年；《关于目前英国天主教徒地位的演讲》（*Lectures on the Present Position of Catholics*），1851 年；《自辩书》（*Apologia pro Vita Sua*），1864 年。

4、历史作品

其中,《历史概览》（*Historical Sketches*），分三卷，第一卷包括《关于土耳其人的演讲》（*Lectures on the Turks*）和部分《教会的教父们》（*Church of the Fathers*）；第二卷是《教会的教父们》的主要部分，另外还有《圣君士坦丁》

（*St Chrysostom*）和《圣本笃的使命》（*Mission of St Benedict*）；第三部分包括，《大学的兴起和进步》（*Rise and Progress of Universities*），《英格兰和爱尔兰的诺曼人》（*Northmen and Northmans in England and Ireland*），《圣阿塔那修文选》（*Select Treatises of St Athanasius*）1842 年。《时论：神学和教会方面》（*Tract；Theological and Ecclesiastical*），主要是与教父作家有关。

5、散文和小说

分别为:《关于奇迹的两篇散论》（*Two Essays on Miracles*），1826 年和 1842 年；《论争集》（*Discussions and Arguments*）包括《达沃斯阅读空间》（*The Tamworth Reading Room*）和《谁应受责备》（*Who's to Blame*），该书主要论及英国的种族和克里米亚战争（*Crimean War*）；《批判性和历史性的散论》（*Essays Critical and Historical*），分两卷；《失与得》（*Loss and Gain*），1848 年；《杰罗修士之梦》（*Callista*），1855 年；《各种诗行》（*Verses on Various Occasions*），1867 年。

（二）纽曼日记书信集

The Letters and Diaries of John Henry Newman，vol.1-32

（三）相关研究著作与论文

见参考文献

二、研究方法

（一）个案研究法

本书选取 19 世纪重要的宗教思想家纽曼为个案，研究其启示理解的形成与发展，基本内涵，历史影响，进而揭示纽曼启示理解的基本特征及其在天主教神学现代转型中的地位与作用。

（二）文献综合研究法

纽曼有大量的著述，生前就已结集出版，而且纽曼的日记与书信也已基本出版完成，这为研究纽曼思想提供了极大地便利。本书将以纽曼的主要著述以及部分日记、书信为基本的文献依据，通过运用一手资料，力图全面真实地展现纽曼的启示理解。

（三）跨学科研究法

纽曼思想涉及神学、哲学、宗教学等诸方面，本书将采用以宗教学为主的跨学科研究方法。纽曼并没有建立系统的神哲学思想体系，本书将运用诠释学理论以重构比较系统的纽曼启示理解。纽曼的个性与思想与时代紧密相关，所以本书也将采用历史学的研究方法，从历史与社会的角度深入分析纽曼启示理解的渊源、背景和历史影响。针对传统以神哲学为主的研究方法的缺憾，本书将主要运用宗教学的研究方法，运用宗教心理学、宗教哲学、宗教社会学、宗教批评学等分支学科的知识，多维度、多层次揭示纽曼启示理解的基本内涵。

三、创新之处

纽曼研究者发现，纽曼的思想与个性具有复杂性、难解性，纽曼本人似乎也承认个人思想与个性的这种复杂性，他曾说："如果没有召唤，我就不能写作和出版……没有这样一些刺激，我无法写作。"[5] 也就是说，纽曼的思想具有"境遇性"（occasional）和"论争性"（controversial），他的很多著作都是为了论争而写作的，很多都是围绕环境而写作的一个个主题。尽管表面看起来纽曼思想中的各个主题是分散的，但却仍然有一个中心，那就是"信仰"，信仰或启示理解贯穿纽曼的整个生命中，不断皈依基督信仰就是纽曼的整个生命，这体现他的座右铭中，"心与心的交谈"，这是纽曼对自己整个信仰生命的集中表达。而且"信仰"或启示理解也是纽曼神哲学以及一切理智思考的中心所在，这既由他作为基督宗教的护教士的基本立场所决定，也是他理智探索的必然，他的所有工作就是要寻求信仰在个体生命中，在基督教会中，在现代知识与文化中和在现代世界中的地位与价值。因此，可以说，纽曼渴望实现这种以信仰为核心的综合，尽管这种综合的目的不是要构建精巧的理论体系，而是为了满全个体信仰生命的意义，而且这意义是与真理联系在一起的。

所以，尽管纽曼思想与个性具有复杂性，但也具有内在的综合性与一致性。对此，纽曼研究者也已经注意到了。瓦格拉维（J.H.Walgrave,O.P.）写道："对于纽曼这类神学家，不能完全从他的宗教情绪来进行概括；事实上，决定他个性发展的力量是对和谐与综合的追求，这可以使得他的各种宗教情绪

---

5 A.W.,pp.272-273.

都各得其所，但又有不同的价值层次。"⁶纽曼传记作家德森（Charles Stephen Dessain）也曾写道："纽曼生命的根本兴趣就是献身于启示宗教事业。"⁷后来，另一位纽曼研究者尹科（Ian Ker ）也曾写道："纽曼的思维⋯⋯其特征并不是对立冲突，而是不同力量的相互补充，所以，尽管可以说他的思想不够系统，但却可以说是既保守又自由，既进步又传统，既谨慎又大胆，是教义的但却不是教条的，是理想的而非现实的。"⁸也就是说，纽曼思想与个性中存在各种对立的元素，但却相互补充，相互平衡。

对纽曼思想与个性进行综合研究代表了当今西方纽曼研究的新趋向。事实上，最早对纽曼进行综合研究始于 40 年代，哈劳德（Charles Frederick Harrold）《若望·亨利·纽曼》（*John Henry Newman* ），1945 年，这本书主要是结合纽曼的作品对他的思维、思想和文学艺术进行历史性阐释，全面揭示了纽曼作为宗教思想家、诗人、历史学家、小说家、批评家、传记作家、论争家、布道家、教育家的多重角色。60 年代，对纽曼进行综合研究的代表人物是瓦格拉维，他著有《纽曼：神学家》（*Newman:The Theologian* ），1960 年。作者以纽曼的教义发展理论为核心，全面考察了纽曼思想的各个维度。90 年代以来，以尹科、杜勒斯（Avery Cardinal Dulles S.J.）和摩尔根（Terrence Merrigan ）为代表的研究者进一步推进了这种综合研究。尹科试图将纽曼思想作为一个整体来研究，代表著作是《纽曼论关于作为一个基督徒》和《为人类疗伤》，但作者是以天主教基础神学的框架对纽曼思想重新进行整合的系统研究。另外一位同样是以天主教基础神学的基本论题来对纽曼进行综合研究的是杜勒斯。摩尔根的《清醒的头脑与圣洁的心灵》则是从理性与信仰相平衡的角度考察纽曼的宗教思想，认为纽曼思想与个性兼具批判与神秘的精神。

同样是作为综合研究，哈劳德、尹科与杜勒斯的研究虽然较为全面，但却没有"中心"；而瓦格拉维和摩尔根的研究虽具有中心，但却没有照顾到纽曼思想的其他侧面。本书以纽曼"启示理解"为中心，全面揭示纽曼启示理解的内涵与外延，具体从启示与宗教，启示与理性，启示与现代知识和教育诸层面进行阐述，从而可以形成对纽曼思想的整体面貌的勾勒，也可以凸显纽曼思想的基本特征。

6　J.H.Walgrave,O.P., Newman:The Theologian, London: Geoffrey Chapman,1960,p.326.

7　Charles Stephen Dessain,　John Henry Newman, London: Nelson and Sons,1966,　p.xii.

8　Ian Ker, John Henry Newman: A Biography, Oxford: Oxford University Press, 1988,p.viii.

第四节　研究理路与各章节内容简介

本书是对纽曼启示理解的系统研究。文章第一章论述纽曼启示理解的形成与发展，第二章论述纽曼启示理解的基本内涵，第三、四章论述纽曼启示理解的外延，第五章论述纽曼启示理解的基本特征，第六章论述纽曼启示理解的影响与意义。结语部分概括了纽曼启示理解的贡献、不足以及他的思想和精神遗产。

第一章"纽曼的皈依与其启示理解"，该章重在结合纽曼的三次皈依探讨他的启示理解的发展脉络。第一节"皈依福音派及其启示理解"，主要讨论1815年纽曼皈依加尔文福音派前后的启示理解，此为其启示理解的起始阶段。第二节"皈依安立甘——天主教及其启示理解"，主要讨论1820s纽曼皈依安立甘——天主教前后的启示理解，此为其启示理解的形成阶段。第三节"皈依罗马天主教及其启示理解"，主要讨论1845年纽曼皈依罗马天主教前后的启示理解，此为其启示理解的成熟阶段。

第二章"启示与宗教"，该章重在结合纽曼对自然宗教和启示宗教的认识探讨他相关的启示理解。第一节"关于启示"，重点讨论启示的基本概念、分类与传承形式和方式。第二节"普遍启示与自然宗教"，分别讨论上帝普遍启示的两种证据，一则为作为外在证据的自然与历史，二则为作为内在证据的人的良知存在。第三节"特殊启示与基督宗教"，分别讨论基督宗教启示与历史，启示与教义及其发展，启示在基督宗教内的传承形式。

第三章"启示与理性"，该章重在结合纽曼关于信仰与理性关系的认识探讨他关于启示与理性关系的理解。第一节"《牛津讲道集》中关于信仰与理性关系的论述"，主要讨论安立甘时期纽曼关于信仰与理性关系的认识。第二节"《赞同的法则》中关于信仰与理性关系的论述"，通过对《赞同的法则》中的命题、赞同、标准、推论、推断感诸概念及其关系的分析，讨论天主教时期纽曼对于信仰与理性关系的认识。在第一、二节基础上，第三、四节讨论纽曼对基督信仰知识地位的辩护与影响。

第四章"启示与现代科学和教育"，该章重在探讨纽曼围绕启示与现代科学和教育关系的认识。第一节"神学与科学"，分别讨论启示与达尔文进化论，神学与科学的关系。第二节"神学与大学教育"，首先讨论纽曼"作为自身目的的知识"的知识观，在此基础上，讨论神学与自由主义大学教育理念的关系。

　　第五章"纽曼启示理解的基本特征"，该章重在探讨在现代和后现代语境下纽曼启示理解的基本特征。第一节"转向主体"，主要讨论纽曼启示神学的主体性转向即对拉纳尔神学人类学的影响。第二节"转向历史"，分别从教义与历史、神学与史学、启示与历史三个层面讨论纽曼启示神学的历史意蕴。第三节"对话——超越型启示理解"，主要探讨纽曼超越主观型、客观型启示理解，形成"对话——超越型"之启示理解。

　　第六章"纽曼启示理解的影响与意义"，该章重在探讨纽曼启示理解及其神学思想的时代意义与历史影响。第一节"神学的幅度"，主要探讨纽曼启示神学对 20 世纪天主教神学家、神学思潮和梵二会议的影响。第二节"宗教的幅度"，主要探讨纽曼的宗教认识论及他与大公传统的关系。第三节"文化教育的幅度"，主要探讨纽曼的文化个性及其大学教育理念的影响及意义。

第一章　纽曼的皈依与其启示理解

第一节　纽曼生平及著作简介

　　若望·亨利·纽曼（John Henry Newman）（下简称纽曼）於 1801 年 2 月 21 日出生在伦敦。父亲若望·纽曼为一位银行家，母亲是法国胡格诺派侨民的后裔。子女六人，纽曼居长。七岁时，纽曼被送往由乔治·尼古拉斯开办的大伊林学校读书。在校期间，他阅读了托马斯·司各特的《真理的力量》一书，司各特的警句"成圣先于平安"，"成长是生命的唯一表达"对于纽曼一生都具有重要的影响。在 1816 年秋天，纽曼感到自己"处于确定信条的影响之下"，"教义的印象，通过天主的仁慈，从未被抹去或模糊"的思想进入了他的理智之中。从加尔文派的著作那里，他获得了确定的教义观念，成为了一个福音派加尔文主义者，是为纽曼的第一次皈依。

　　十六岁时，纽曼考入牛津的圣三一学院，起初有意研究法律，未久，遂决意进修神学，立志成为神职人员。1820 年获得学士学位，两年后，被推选为牛津奥利尔学院的研究员。1824 年 6 月 13 日，领受执事授职礼，负责管理牛津之圣克莱蒙教堂，担任该地英国教会布道团秘书之职。四年后，纽曼被拣派为牛津圣玛丽教堂之代理。在奥利尔学院，纽曼后来的哲学及神学思想曾受到周围很多同事的影响，主要有：理查德·惠特利（Richard Whately）、弗劳德（Richard Hurrell Froude）和爱德华·霍金斯（Edward Hawkins）等。纽曼在牛津时期的主要著作有：《堂区平日讲道集》和《大学讲章》。

1832 年，纽曼受好友弗劳德德邀请，与弗劳德父子同往南欧，周游地中海沿岸国家。1833 年 5 月旅游至西西里岛中部腹地时，纽曼突患重病，几濒於危，但他本人深信不至于死，因为他"英国有事要等他去做"。在归途中，纽曼写下了后来脍炙人口的一首宗教诗——"慈光导航"。另外，在 1833 年，纽曼还出版了他的第一部神学著作《论四世纪的阿里乌主义者》。

1833 年 7 月，纽曼在所谓的"神意"指引下，带着强烈的个人使命感，结束地中海之旅回到英国。，7 月 14 日，基布尔（John Keble）在牛津圣玛丽学院发表了"全民族的叛教"，纽曼后来将之作为是牛津运动的肇始。牛津运动即"书册派"运动，理由是这场运动的主要形式是编写发行小册子或丛书，从 1833 年起至 1841 年止，在十二年时间里，书册派共计出版《时论》90 册，其中二十三种出自纽曼之笔，纽曼成为牛津运动最重要的领军人物。以纽曼为代表的书册派试图通过恢复古代大公教会的传统，重新建立英国安立甘教会的使徒统绪，以挽救和振兴当时遭受自由主义严重冲击的英国国教会。1840 年，纽曼出版第 90 册《时论》，对英国安立甘教会的"三十条信纲"进行细致的研究，认为它与罗马天主教的信仰并不冲突。这一结论无法为安立甘教会接受，最终《时论》被禁，纽曼则退居里特莫尔，专心写作《论基督宗教教义发展》。1845 年，纽曼完成《论基督宗教教义发展》，这部著作提出了基督宗教"教义发展"的理论，后来纽曼也因此书而获得"神学上的达尔文"的称号。另外，这部著作也最终为纽曼转皈罗马天主教铺平了道路。1845 年10 月 9 日，纽曼从苦修会神父巴比里那里接受洗礼，正式皈依罗马天主教。

1846 年 9 月纽曼离英，赴罗马传信部大学研究神哲学等科目。1847 年，纽曼及其同僚加入圣菲利普乃尼所建立的奥斯托里修会，并在同年 5 月 30 日，由弗朗索尼枢机（Cardinal Fransoni）祝圣为司铎。1848 年 2 月 1 日，纽曼奉教宗碧岳九世之命，回英国创设奥斯托里修会分会。

纽曼在转皈罗马天主教后很长一段时间内，主要是负责在伯明翰地区的修会内的各种事务，一度淡出公众的视野，牛津运动时期的光辉也黯然失色。不仅如此，事实上，从 1850 年代 1860 年，在纽曼的生命史上，是一段灰暗的岁月，到处只有失败，诸事不遂，主要有：1854 年建立都柏林天主教大学计划的失败，在牛津建立奥斯托里修会计划的失败，翻译英文圣经计划的失败，另外还有 1853 年阿契理案件的败诉。尽管如此，这一时期纽曼在筹办都柏林大学的过程中，发表了他的名著《大学的理念》，该著成为大学教育史上不朽的名著。另外，这一期，纽曼支持平信徒出版《随笔》，认为应该重视平信徒在教会和神学建构中的地位与作用。

1864 年 2 月，一位名叫金斯利（Charles Kingsley）的通俗小说家撰文攻击纽曼，对其皈依天主教的动机提出质疑，认为纽曼的信仰并不真诚。为了证明自己的忠贞信仰，纽曼乃追溯自己的宗教思想的发展历史，以两个月的时间，写作出一本驰誉于世的宗教信仰自传——《自辩书》。这本自传不仅是纽曼自己信仰的辩护书，而且也是一部"信仰观念的历史"，具有重要的神学价值。这本传记影响全国，知识界无不翕然悦服，敬仰其为人，从此声誉复原，毁谤尽除。

1865 年，纽曼创作了一首宗教诗歌《吉隆修士之梦》，堪与但丁的神曲三部曲中的《炼狱》相媲美。1870 年 3 月，出版《赞同的法则》，这是一部纽曼为基督信仰的知识地位进行辩护的经典哲学著作。在梵蒂冈第一次大公会议期间内，纽曼曾有不公开的私人函件泄露，内容是谴责那班主张教宗全权论者；尽管如此，纽曼最后还是接受梵蒂冈第一次大公会议的"教宗无谬误"的教义。1975 年，为了反驳时任英国首相的格莱斯顿对"教宗无谬误"教义的攻击，纽曼特致函诺福克公爵，专门讨论良心自由与教会权威问题。

1877 年，纽曼前往牛津大学，接受三一学院授予他的荣誉院士学位，他在英国的地位，逐渐高升；两年以后，教宗良十三世擢升纽曼为枢机。对此，纽曼本人曾言："这是天开眼了，从此头上的一片乌云，永远离开我了！"

纽曼枢机生命的最后十一年，极为平安和快乐，他赢得了包括英国安立甘教会和天主教会在内的双重尊重。1890 年 8 月 11 日，纽曼枢机逝世后葬于伯明翰城郊外的修会莱岛地方的奥斯托里修会公墓；当时英国各地听到这一消息，都表示难以言状的悲痛，曼宁枢机悼词的开始便是："我们失去了一位最伟大的信德的见证"。纽曼为自己立的墓志铭是，"走出魅影，进入光明"。

1991 年 1 月 29 日，在当时教宗若望保禄二世主持下，纽曼被列入可敬品。2010 年 9 月 19 日，在当时教宗本笃十六世的主持下，纽曼被列入真福品，教宗称其为是"大公合一的坚固桥梁"。

第二节　皈依福音派及其启示理解

一、少年时代

（一）家庭成员

若望·亨利·纽曼，1801 年 2 月 21 日生于伦敦，他的父亲若望·纽曼曾在伦敦郎伯特街经营一家名为拉姆斯博顿·纽曼的银行，当时是一位成功的银行家。纽曼的母亲吉米娜·富居涅（Jemima Foudriner）是伦敦一位富裕的造纸厂厂主的女儿，是法国胡格诺派（Huguenots）后裔，胡格诺派是一个 16 世纪欧洲宗教改革运动中兴起于法国而长期惨遭迫害的新教教派。纽曼的父母都是英国传统的国教会信徒。纽曼另外有两个弟弟和三个妹妹，按长幼之序分别是查尔斯、哈丽特、弗兰西斯、吉米娜和玛利亚。其中查尔斯后来成为不信者，哈丽特·伊丽莎白嫁给了托马斯·莫利兹（Thomas Mozley），后者则是牛津运动中的一位著名人物。纽曼与最小的妹妹玛利亚感情最深，但玛利亚却在 1828 年 19 岁时因病去世，纽曼后来在《自辩书》中称，这是对他的一次"重大打击"。纽曼的书信和日记告诉人们，他从童年一直到少年时期，基本上生活在一个幸福的家庭之中，家境富足，父亲爱好阅读、音乐，经常组织家庭舞会和带家人去戏院接受艺术的熏陶，受其影响，纽曼终生对文学和小提琴演奏具有浓厚的兴趣。

（二）童年的信仰启蒙

童年时期的纽曼并无"成形的宗教信仰"，那时他的世界还是一个充满想象的世界，后来在《自辩书》中，他这样写道："（我）经常幻想阿拉伯的故事都是真的：我的想象力飞向未知的影响，神奇的力量、法宝……我想生命应该是一个梦，我是一个天使，这个世界的一切都是虚幻，我的天使同伴们用一种好玩的装置将自己隐藏起来使我看不到他们，他们用一个物质世界的外表蒙蔽了我的眼睛。"[1]总之，他对于看不见的未知世界有一种非常敏感的感受力，总把自己幻想成为神话故事和圣经中的天使在另一个世界中自由遨游。另一方面，这一时期纽曼也从家人那里获得了最早的宗教启蒙，这些都成为他后来宗教信仰和神学思想的最初萌芽。纽曼受母亲影响，从孩提时他就喜欢阅读圣经。另外对他的信仰启蒙具有影响的两个人则是他的外祖母和姨妈

1　Apo., p.2.

伊丽莎白，以至在四十年后，他仍能清晰地记得祖母引用圣经教导的情形。所以，如果说童年时期的纽曼有所谓信仰的话，那主要就是这种"圣经宗教信仰"，即以个人或家庭的形式阅读圣经，而不必去教会参加礼仪和遵行教义。同时，童年时期的纽曼也初步表现出对教义问题的兴趣，在其自传中，他曾提到儿时对教义问答记得滚瓜烂熟，尽管并不理解其中的真正含义。更为重要的是，在进入学校后，随着知识的增加，他还经常"以圣经文字记录为依据去印证教义"。这也许就是纽曼后来坚持信仰应该建立在教义基础之上，教义是启示的一部分之思想的肇端。

（三）少年时代的求学与阅读

七岁时，纽曼被送往由乔治·尼古拉斯开办的大伊林学校读书。在那儿，由后来达尔文进化论的重要代表人物托马斯·亨利·赫胥黎（Thomas Henry Huxley）的父亲乔治·赫胥黎教授数学，古典文学的教师则是瓦尔特·迈耶斯（Walter Mayers），迈耶斯被形容是一位温和的卡拉伯姆派（Clapham Sect）[2]加尔文主义者。纽曼对学校的课外活动没有兴趣，他的大部分时间用来阅读，这一时期他阅读了 17-18 世纪启蒙思想家和同时代诸多作家的大量著作。

他是瓦尔特·司各特（Scott, Walter）[3]小说的忠实读者，他阅读了托马斯·司各特的《真理的力量》一书，司各特是第一个将"信仰的真理"植根于他头脑中的人。司各特有两项教导后来为纽曼所吸纳：一是"圣德比平安更重要"（*Holiness Rather than Peace*）；二是"成长是生命的唯一表达（*Growth the only Evidence of Life*）。后来，纽曼《堂区平日讲道集》（*Parochial and Plain Sermons*）的第一篇就是"圣德是未来祝福的必须"（*Holiness is Necessary for Future Blessedness*）；在《论基督宗教教义发展》中，他对司各特的《真理力量》的结论曾有这样的回应，"但在此时，为了生存，它却必须改变，为了完善，它却必须要经常改变。"[4]在对基督宗教基本教义的认识方面，同样受到司各特的影响，纽曼认为，只有三位一体才是最根本性的信仰真理。

2　卡拉伯姆派对于维多利亚时代道德（Victorian Morality）发展起了重要作用，他们积极参与世俗、政治、慈善和道德改良运动，尤其是极力反对奴隶制。

3　瓦尔特·司各特（1771-1832）（Scott, Walter）是英国著名的历史小说家和诗人。其代表作主要有：《艾凡赫》、《昆丁·达威尔特》及《十字军英雄记》等。司各特的小说情节浪漫复杂，语言流畅生动。

4　Dev., p.40.

他还阅读伏尔泰、休谟以及潘恩[5]等怀疑主义者的论著，多年后他对法国启蒙思想家反对"灵魂不朽"的思想还记忆深刻，不过少年时期的纽曼还是对启蒙思想家的诸如此类的"花言巧语"一度深信不已。[6]

这一时期，纽曼还是站在与罗马天主教相对立的立场之上的。他阅读托马斯·牛顿（Thomas Newton）的《论已经明显地并正在这个世界中实现的预言》(*Dissertation on the Prophecies which have Remarkably been Fulfilled, and at this time are Fulfilling in the World*)，牛顿在这本书中坚持教宗是反基督（Antichrist）的这样一种信仰。受其影响，纽曼也认为教宗制是一种"错误的良知"，直到 1843 年他才从自己的理智与判断中抹去这种认识。另外，纽曼还阅读了约瑟夫·米尔纳（Joseph Milner）的《基督教会的历史》(*History of the Church of Christ*)，米尔纳在这本书中大量引用圣奥斯定、安布罗斯和早期教会作家的内容，这些作家整合理性与象征的做法对纽曼后来统一理智与想象具有深远的影响意义。

另外，这一时期纽曼还阅读劳威廉（William Law）[7]和威廉·贝弗利奇（William Beveridge）的关于虔敬生活的作品。

二、皈依加尔文福音派

1816 年，在 15 岁那年，纽曼父亲经营的银行破了产，他个人也生了一场大病，从中，他深刻体验到了生命的脆弱，生活的无常与上帝的威严，感受到上帝之手沉重的压覆，疾病、家庭的变故与精神中的巨大冲突使得纽曼陷入人生第一次重大的危机之中。帮助纽曼穿越这次危机正是他的古典文学老师迈耶斯，这位老师送给纽曼很多书读，当然大部分都是加尔文福音派的书，其中就包括后来对纽曼带来深远影响的司各特的著作以及米尔纳的著作。后来，纽曼称他这一次神圣信仰的皈依正是因着迈耶斯老师而开始的，司各特作品对他的影响也超过其他的一切。[8]由迈耶斯推荐的另外一位福音派作家罗

---

5 托马斯·潘恩（Thomas Paine）英裔美国思想家、作家、政治活动家、理论家、革命家、激进民主主义者。潘恩发表了影响深远的激进小册子《常识》，公开提出美国独立革命的问题，成了美国独立革命的教科书。

6 Apo.,p.3.

7 劳威廉（1685-1761），从剑桥毕业，因拒绝效忠英王，而失去剑桥学院研究职位，后隐居一小地方做家庭教师，他的著作有《呼唤过圣洁生活》、《论基督徒的完美》、《靠圣灵行事》，他对后来的卫斯理·约翰及慕安德烈都产生深远的影响。

8 Apo.,pp.4-5.

曼（William Romaine）"坚持忍耐到最后"的教导也对纽曼具有一定的影响，他认为自己一定是被拣选的可以进入永恒光荣的一位。

也就是在这一年，纽曼开始摆脱起先的怀疑主义的影响，"我的思想发生了一次巨大的变化。我感到自己处于确定信条（Definite Creed）的影响之下，教义的印象刻在了我的理智之中，通过天主的恩宠，并且从此从未受到外在的任何影响或被模糊。"[9]这是纽曼的第一次皈依。后来他这样写道，"许多人愿意为教义生或死，但却没有人愿意为了一个结论而殉道。"[10]教义是人们生活的依据，而根本性的教义则是上帝的存在。他从加尔文派的著作那里获得了确定的教义观念，成为了一个福音派加尔文主义者。从此，纽曼"栖息在两种，也只有这两种是绝对的、光彩夺目的自明存在，我自己和我的创造者之中。"[11]纽曼相信自己是上帝所特别拣选的一位。这同时也意味着，个性成为他哲学中首要的真理，而不是其它的东西，如法律、理性或感觉经验等。

在纽曼第一次皈依时期，福音派已经为安立甘主流教会所接纳，由福音派所推动的福音运动成为 19 世纪英国教会史上最重要的事件，其主要领袖有：威廉·威尔伯福斯（William Wilberforce，1759-1833）、汉纳·莫尔和查理·西门（Charles Simeon，1759-1836）等人。在当时安立甘教会中，福音派虽然在人数上并不占据优势地位，但却在追求圣洁的生活，教会的组织、传教以及社会参与方面却是国教会所无法比拟的。与国教会相比，安立甘福音派并不太重视外在的教会权威以及教会圣礼，相反，它们强调内在的悔改、皈依与圣洁的精神，认为"可见的教会"不过是那"不可见的教会"的影子，只有可以转化心灵的不可见的教会才是真正的教会，可以转化心灵的力量不是可见教会的形式而是圣神与个人的灵魂。如果在此过程中存在什么中介的话，那也只能是圣经，因为圣经正是上帝意志的可见表达。总之，安立甘福音派的一个突出特征即在于，强调个人的灵性奋兴，注重信徒的道德圣化，重视个体的宗教经验。

正是因为对个体宗教经验的重视，所以福音派会将个体尤其是不信者的皈依经验视为是重要的信仰见证。一般福音派所认为的皈依是那种突然的、剧烈的由罪进入自由与得救的状态的宗教经验，这正是詹姆士（William James）

---

9 Apo., p.4.

10 D.A., p.293.

11 Apo., p.4.

的观点，他认为青春期的皈依是一种宗教皈依，皈依是从一种思想状态到另一种更高级、更趋完美状态具有重要意义的转折点，"由这一种过程（皈依），或逐渐地，或突然地，一向分裂的，并自觉为错误的、卑劣的、不快乐的自我，因为它对于宗教的实在得到更牢固的把握而变成统一的并正当的，优越的，快乐的。"[12]

以此而论，纽曼的第一次皈依显然不是这种意义上的皈依，因为他并没有这种天启式的宗教经历。要理解他第一次皈依的性质，应该寻找其他的路向。伯格·埃里克森（Erik Erikson）是新精神分析学派自我心理学的重要代表人物之一，其在宗教心理学上的重要贡献在于形成了"宗教认同宗教心理观"。[13]为此，埃里克森采用"精神分析与历史的方法"，在其著作《青年路德：一种精神分析和历史的研究》中深入考察了作为"宗教的人"（the homo religious）-16 世纪的德国著名宗教改革家马丁·路德，阐述了青年路德面临的与父亲，与上帝的双重危机以及经由宗教文化对于危机的化解。埃里克森的基本观点就在于，青春期是一个寻求价值的时期，这种价值具体表现为人或意识形态，处于青春期的个体可以从中发现自我的生命。因此，可以说纽曼的第一次皈依实质上是一次道德的皈依，当然他的这种道德皈依是植根于基督宗教道德之中，实现向一种价值的根本转向——耶稣基督，这种价值观的蜕变，使得纽曼度过了青春期的危机，获得了新的人生视野，寻到了人生抉择的标准。

三、皈依福音派前后的启示理解

严格而论，在皈依福音派时，还处于青春期的纽曼不可能对启示有什么自觉的、明确的理解和认识，这一时期，他对于启示和教义的理解主要还是来自于他的阅读，其中对他影响较大的作家主要有司各特、罗曼和贝佛瑞治主教（Bishop Beveridge）。他在牛津时早期的讲道和神学思想都带有上述作家的一些印记。

（一）司各特：启示与教义

如前所述，司各特认为应该将教义作为宗教信仰的基础，基督徒应该有

---

12 [美]威廉·詹姆斯：《宗教经验之种种》，唐钺译，商务印书馆，2009 年，第 189 页。

13 陈永胜：《现代西方宗教心理学理论流派》，人民出版社，2010 年，第 102 页。

成圣的追求，他个人对三位一体的教义就具有"狂热的信仰"。[14]司各特认为，耶稣基督是"启示的中心"，其他的一切教义都由此而生，耶稣的道成肉身与复活升天就代表了启示教义的"中心"。[15]对于基督徒而言，圣经毋庸置疑是上帝的话，基督徒的理性推演都应该本于圣经，就如同哲学推理从那些自明的原则出发一样。因此，教义作为上帝启示的理性表达形式，具有圣经的神圣本源，所以理应受到重视，任何对教义真理的轻视，都意味着可能会使启示面临被颠覆的危险。在此，司各特所要强调的是应该将教义建立于圣经的基础之上而不是理性或概念之上，如果因为圣经中包含的一些教义并不显明，甚至与人的理性相抵触，因此而认为这些教义就是值得怀疑或是错误的，那这种认识就是一种非常傲慢的认识。[16]基督徒正确的态度应该是以爱和恐惧的心顺服上帝的意志与权威。神圣启示的"种子"就在人的心中，由之可以生出"真正的圣洁"。[17]

（二）启示与预定论

罗曼和贝佛瑞治主教教给纽曼的主要是预定论和人的堕落的教义。尽管五年之后，纽曼开始拒绝预定论思想，但人的堕落这端认识却对他产生深远持久的影响，后来纽曼在他的多次讲道中曾反复引用过贝佛瑞治关于人的罪性的思想。纽曼在牛津的早期讲道和一些未公开发表的神学论文中所宣扬的就是这些加尔文福音派的教义，这些讲道和论文主要包括：《论完整接受第九条信纲和第十条信纲之第一款的必要性》（1821 年 5 月），《对腓立比书第 2 章第 12-13 节的注解》（1821 年 6 月），《基督宗教教义圣经索引》（1821 年 6 月），《论皈依》（1821 年 6 月）和《成圣的性质》（1822 年或 1823 年）。其中纽曼所论述的基本上都是福音派的主题和教义，如人罪、悔改、预定等。在此，如其他福音派一样，纽曼认为人就其本性而言是"肮脏的"、"软弱的"，人的得救并不是通过洗礼等圣礼来实现，而是需要在圣神的引领下，人通过阅读圣经，实现内在的心灵皈依，并经由耶稣基督这一中保才能获得与父的和好，完成个人的救赎。一方面是对圣礼以及所谓有形教会的否定，另一方面则是对于上帝预定论的肯定。皈依福音派后纽曼也曾对此深信不疑，认为

---

14 Apo.,p.5.

15 T.Scott, *The Theological Works of Rev.Thomas Scott*（Edinburgh,1841）,pp.340-341.

16 T.Scott, *The Theological Works of Rev.Thomas Scott*（Edinburgh,1841）,pp.15-17.

17 T.Scott, *The Theological Works of Rev.Thomas Scott*（Edinburgh,1841）,p.17.

基督徒与异教徒属于两个完全不同的世界，异教徒的世界充满黑暗，根本不存在任何上帝的启示与救赎计划，上帝的启示仅仅是向基督徒敞开的，只有基督宗教才是启示性宗教。

（三）巴特勒关于自然宗教与启示宗教的观点

1823 年，纽曼在奥利尔阅读巴特勒的《自然宗教与启示宗教之类比》。他说巴特勒有两大原则对他以后的思想产生了深远的影响。其中之一便是"圣礼性的原则"，"第一条是你应该从启示宗教的角度对自然宗教缺少确定性的方面做出解释，也就是说你应该将启示宗教的圣礼体系作为通向自然宗教的关键，要将物质现象视为是可以被有目的地转化，实际上也正在转化的精神的影响。"[18]巴特勒这一教导恰恰符合了他儿时的梦想，"世界并不是它看起来的那个样子，一种在物质面罩下的更高影响的伪装应该被置于宇宙的结构原则之中。"[19]也即是巴特勒所说的，"有形可见是不可见的真正存在的类型和工具。"自然和启示之间存在类比，只能由后者来解释前者而不是相反。据此，有形的教会、牧师、圣礼，圣经的形象和象征，教父们的教导，都可以理解为是对这个可见世界的启示，都是上帝创造的秩序，都指向超越它们自身的创造者本身。需要指出的是，这一时期的纽曼还没有完全接受巴特勒关于自然宗教与启示宗教的类比思想，只是在皈依安立甘——天主教后，才接纳了类比思想及教会圣礼的启示意义。

（四）与查尔斯关于圣经启示的争论

1825 年，纽曼与他的弟弟查尔斯进行了一次关于圣经启示的争论。此时的查尔斯已经放弃了基督信仰，成为了一名无神论者，他接受了启蒙思想家的观点，认为基督信仰不过是"傻子"碰到"骗子"的产物，应该从圣经的具体内容来判断它的权威。[20]针对查尔斯的这种认识，纽曼第一次开始了对于基督宗教启示的辩护。他认为，从圣经的内容看，它也许不会令它的反对者们"确信"。但却可以使他们"安静下来"。圣经所提供的证据并不是"压倒性的"，但却是"无可争辩的"。[21]问题不是出在圣经的内容方面，而是人的心出了问题，或者是人为某一种情绪所操纵，或者人没有善用自己的理性。启

---

18 Richard H. Hutton, *Cardinal Newman*, p.19.
19 Richard H. Hutton, *Cardinal Newman*, p.20.
20 L.D.I,p.240.
21 L.D.I,p.246.

示概念表明是要"将一些事启示出来"，也就是说，启示会超出理性的范围，启示的真正保证在于它能够提供证明而不是在于它的内容。如果仅仅将内容作为标准，那么权威性的启示实际上就不可能存在了。启示能否得到保证就是要看它是否能够提供证明，而不是通过"任何预设的观念、道德或哲学"进行"实际的估量"。[22]

（五）1825 年讲道中的启示理解

纽曼在与查尔斯通信辩论的同时，也通过一系列的讲道讨论启示问题。在讲道中，他指出一切启示的目的就在于成圣。[23]成圣的第一步就是悔改，福音的目的就是要回归到亚当堕落之前人的那种纯粹的状态，这样才能得着上帝的恩宠与救拔。纽曼这种对于成圣的强调主要是引用了威尔逊（Daniel Wilson）的观点，威尔逊曾在巴特勒主教《宗教的类比》导言中对此进行过阐述。尽管巴特勒提出的观点非常重要，但威尔逊认为他的神学思想可以得到接受过教育的人的认可，但对于"没有经验的神学生"而言就可能是过于艰深了，因为巴特勒在论述中并没有涉及"实际的宗教"以及加尔文教派的一些重要教义。巴特勒认为自然宗教不过是启示宗教的一种反映，但威尔逊却并不赞同他的这种观点。纽曼的立场基本上倾向于威尔逊，但也并不拒斥巴特勒。

关于启示，纽曼在讲道中表达得很清楚，认为只有犹太教和基督宗教才是启示宗教，尽管两者自亚当起地位就并不相同，但它们都属于光明的世界；另一方面，异教徒则生活在黑暗的世界之中，根本没有任何上帝的启示，即使异教徒中最有智慧的哲学家，对于道德的"第一原则"也基本上处于无知的状态，他们大部分都将爱与人道视为是人的弱点。[24]

在纽曼看来，只存在犹太教和基督宗教两种启示，这两种启示有六个方面的共同特点或教义，分别是：第一，"独一上帝的存在"。第二，上帝的神意。第三，启示所揭示的是"一个道德系统，一个由奖赏与惩罚作为保证的律令"，它建立在"全能的立法者"之基础上。第四，上帝是"全能、全知、全善、仁慈、信实、正义和圣洁"的上帝，只有上帝才是"自亚当以来一切启示的本质"。在此，尽管纽曼也承认其他宗教可能会分享上帝的一定特性，

---

22 L.D.I,pp.240,226.

23 BOA.A.17,1.，讲道 103（1825 年 9 月 4 日），"成圣，福音的目的"，第 4 页。

24 BOA.A.,17.1.，讲道 108（1825 年 9 月 5 日），"论一切启示的共同原则"。第 1-2 页。

但是从"作为一个整体","作为一个教义系统而言",只有犹太教和基督宗教所宣扬的真理可以归入启示的范畴。第五,人类的堕落与败坏。第六,上帝复临的预许。[25]因为最后两项都在耶稣基督那里得到预表,所以耶稣基督就成为最高的启示。

理论上讲,这些教义都以通过理性而不必通过直接的启示就能够获得,当然前提是一个人必须以正确的思维去探求。[26]但那些最有智慧的异教徒却对这些"宗教信仰的原则"视而不见,因为他们并不愿意从宗教信仰的观点来看待这个世界。尽管也会有个别的异教徒哲学家会有一些上帝的观念,但是由于他们为罪所遮蔽了双眼,所以很难在"荒野之地"发现"信仰真理的种子"。即使"自然之书"在他们面前打开,他们也不能"流畅地阅读上帝的神意与美德。"[27]

纽曼认为,与犹太教以及其他宗教相比,基督宗教具有五个方面独特性教义。这些教义都超越了人的理性,因此是"启示性"教义。但是,只要是已经启示出来,这些教义就成为了自明的原则。上帝是"一点一点地"在不同的地点逐渐启示出来,最后"使这五项教义成为了可见的"。它们都将焦点集中于那位带领人走出黑暗,挣脱罪的枷锁的耶稣基督身上。"所以,概括起来福音有五项基本教义,第一就是赎罪,其他教义都建立在这一教义的基础之上,(其他四项则分别是——笔者)永恒的惩罚与罪的弃绝,宽恕,恩宠以及天国的预许和肉身的复活。"[28]

因此,启示系统的"根本原则"就是耶稣基督的赎罪,它是信众追求永恒幸福的可靠保证,其他四项教义都有赖于这项教义。只有在新约时代,上帝才将这端教义启示出来,这其中充满了上帝启示的奥妙。祂并没有过早地启示给古代犹太民族,而是在他们经历了种种不可争辩的人类的败坏之后,才将这一重大信息启示给人类。换言之,耶稣基督的赎罪正是在人们渴求救赎之时应运而生的,是上帝倾听了人们呼求的结果。[29]

但是以色列人对于弥赛亚究竟以什么身份降临却没有什么明确的概念。他们只是相信在经历磨难与痛苦之后,上帝会给他们派遣一位光荣的、君主

---

25 BOA.A.,讲道 108,第 8-11 页。
26 A.S.,II.,p.374.
27 A.S,II.,p.379.
28 A.S.,II.,P.354.
29 A.S.,II.,p.355.

式的弥赛亚，带领他们战胜邪恶进入凯旋的王国。他们相信的依据是圣经，圣经告诉他们苦难之后必是胜利。但是对于到来的究竟是怎样的一位弥赛亚，上帝却三缄其口，这一切直到耶稣基督的降世。尽管弥赛亚的身份缺乏确定性，但上帝却凡事带给他们以希望。[30]

尽管圣经中很多内容都超越人的理性，但又是相当的"适宜"。启示真理证明"自然的上帝"和圣经中的上帝同属一个上帝。但是必须要承认的则是，人绝不可能会从自然中推论出上帝之子就是以色列人长久等待的弥赛亚。相对于自然而言，耶稣基督的道成肉身，所进行的赎罪工程无疑是超自然的奥秘。祂就是天人之间的中保，透过祂的赎罪，软弱的成为刚强的，无知的成为有知的，有罪的成为无罪的，贫穷的成为富有的。这一切对于自然而言，都是不可想象的，但对于上帝的启示而言，却是极其自然的事。

尽管纽曼1825年的讲道关于启示的理解还不成熟，仍较凌乱，但却是研究纽曼启示理解的起点，由此出发，可以看出后来纽曼启示理解的嬗变与飞跃。

第三节 皈依安立甘——天主教及其启示理解

1822年，纽曼被推举为牛津奥利尔学院的研究员，三年后领受圣秩，成为一名安立甘教会的牧师，负责管理牛津之圣克莱蒙教堂。1822-1833年，纽曼在牛津的主要活动是研究、牧灵和写作，也正是在这一段时期内，他完成了一生中的第二次皈依，即由福音派转皈依安立甘——天主教，同时他对启示的理解也有了更为宽广的视角，更为丰富的内容。

一、皈依安立甘——天主教

（一）诺伊底派

牛津奥利尔学院在19世纪早期是牛津最出名的学院，学院的教授们形成一个松散的联盟，自称为是"纯理性派"（Noetics）或"诺伊底派"。其中以惠特利（Richard Whately）为主要代表，后来他被任命为都柏林的大主教。其他的还有艾德沃德·考波斯顿（Edward Coplestone）和艾德沃德·霍金斯（Edward Hawkins），两人后来都曾继任学院的教务长，另外一位就是汉普登

---

30 A.S.II.,pp.355-6.

（R.D.Hampden），他们都自视为是智者（intellectuals）。在政治上，纯理智派是辉格党的支持者。在宗教立场上，与推动牛津运动的书册派们不同，他们主张自由主义的宗教立场。他们主张应该不必对三十九条信纲绝对的信从，而认信三十九条信纲则是当时进入牛津大学的必须条件。他们相信宗教信仰的歧异是无可避免的，欲寻求一种不能错误的权威来解释一切，既不可能，也无必要。这一派人极重视所谓思想方法及辩护方法，在与其他学派争论时往往能以缜密的思想和严谨的措词取胜。总之，这一学派的基本特征在于标榜纯粹理智，主张完全以理性去对待和研究圣经和信仰，在教派归属上，他们既不属于高教会也不属于低教会，而是属于后来的所谓的广教会成员（Broad Churchmen）。

（二）同事影响

正因为奥利尔学院诺伊底派的出现，从而使得 19 世纪 20 年代的牛津充满自由主义的氛围，当然，这种自由主义的氛围客观上也有利于观念的互相交换和影响。在奥利尔学院，纽曼后来的哲学及神学思想曾受到周围很多同事的影响，主要有：理查德·惠特利、查尔斯·劳恩德（Charles Lloyd）、爱德华·霍金斯、皮由兹（E.B.Pusey）、弗劳德（Richard Hurrell Froude）和基布尔（John Keble）。

1、惠特利的教会观

理查德·惠特利（1787-1863）是英国修辞学家、逻辑学家、经济学家和神学家，也是安立甘教会都柏林的主教。纽曼进入奥利学院时，正值惠特利担任院长，纽曼从惠特利那里受惠良多。他协助惠特利完成其广为流传的《逻辑的要素》一书，从惠特利那里，纽曼学会了"正确的思维"，克服了自卑，获得了自信。但最重要的却是，从理查德·惠特利那里，纽曼获得了一种基督宗教作为一种组织的确定性概念："……一种神圣的任命，作为一个实体，独立于国家，被赋予它自身的一些权利、特权和权力。"[31]换言之，由通过洗礼的信众组成的可见教会具有神圣的权利，这种权利独立于政府之外，政府不得随意侵害教会的这种权利。纽曼在这一时期的讲道中，就曾强调只有通过这种可见教会才会实现基督的救赎。可见教会是基督徒的可见身体和根据

---

31 "Newman, John Henry", *Dictionary of National Biography*（London: Smith, Elder & Co. ,1885-1900）.

基督和祂的门徒们所宣扬的福音建立起来的一种社会组织形式，在她内有不同的职分，有一定的律法，通过教会可以将属于不同国家、民族、语言、文化的基督徒归于一栈。[32]只有教会才是充满恩宠、力量、更新、皈依和救赎的地方，如果没有教会，也就不会存在"启示的方式"了。那些不经常去教会的基督徒，就不配称之为基督的子民，不配享受祂未来的荣光。[33]

2、查尔斯·劳恩德的神学方法

如果说惠特利主要是让纽曼学会了逻辑和批判性思考的话，那么劳恩德则主要是启发了纽曼后来的神学探究的方式、方法。在 1823 年 10 月到 1826 年 2 月间，纽曼除了参加一些公开的学术演讲外，也参加劳恩德等进行的私人演讲。这些演讲的重点不是"教义或哲学"，而是文本批判、历史研究和相互辩论。劳恩德更为关注的是"基督宗教信仰的根据而非信仰本身"。对于启示宗教，他更倾向于从外在的证据而非内在的证据去理解。这些应该对于纽曼后来神学中的历史意识和历史研究法都具有一定的影响。

3、霍金斯对于传统的强调

纽曼在《自辩书》中，曾坦言霍金斯对于语言的精确表达，对于相近概念的细致区分对于他的写作产生了很重要的影响。后来他写作时，非常注意措辞，注意对于读者和听众应该采取何种表达，这种谨慎而又开放的心态和风格，对于开展不同信仰之间的对话是必要的形式。

但霍金斯博士对于纽曼最大的影响还是在于他对"传统的教义"的强调。也就是说，教会的传统是为教义表达的最初的权威，圣经从未被最初皈依者作为他们的教义看，只是作为那种信条的证明，以此教会传统已经充实了它们。霍金斯强调传统的认识对纽曼产生了持久的影响，当时纽曼仍然认为圣经是上帝启示话语独一、无误的导师。他的基本观点是，"神圣文本从没有教导教义的目的，它只是证明教义，或者说，如果我们要学习教义的话，就必须诉诸教会的教导"，如"天主教要理"或"信经"。[34]教导传统是教会的职责，但修正传统则要依靠圣经。以此而论，洗礼的重生虽然是教会的传统，但却缺乏圣经的依据，所以纽曼最早是反对这一教义的。霍金斯曾对他的这种观

---

32 BOA A.50.,1.,讲道 157（1826 年 11 月 19 日），"论至一、至公从宗徒传下来的教会"，第 2 页。

33 A.S.I,p.185.

34 Apo.,p.9.

点进行过批评，并将若望·苏乃（John Sumner）的《使徒布道》（*Apostolical Preaching*，1815）送给他阅读，纽曼后来承认，正是这本书引导他接受了洗礼重生的教义。

4、与皮由兹的交往

纽曼 1822 年进入奥利尔学院，成为研究员，皮由兹则在 1823 年成为奥利尔学院的研究员。两人一见如故，成为至交，经常在一起讨论宗教问题。但两人的神学观点并不相同，皮由兹属于高教会，而纽曼此时仍是福音派，皮由兹也曾与纽曼就洗礼的重生问题进行过争论，纽曼最后接纳洗礼的重生的教义也在一定程度上受到过皮由兹的影响。不久后，皮由兹就去德国学习神学，但他们仍然保持良好的友情。皮由兹在 1827 年回国后，曾为纽曼买了一套教父作家的著作。牛津运动兴起后，两人又并肩作战，成为运动的领军人物。

5、与弗劳德的交往

纽曼与弗劳德结交是在 1826 年，纽曼曾在《自辩书》中坦诚自己在奥利尔学院与弗劳德友谊最深，感情最笃。弗劳德虽然身为安立甘教派，但他却公开承认对于罗马教会的向往和对于新教的鄙视，对于罗马的教阶制度、圣母和圣人敬拜，对于真实临在等教义非常认同，喜欢中世纪的教会而不是最初的教会。正是弗劳德使纽曼后来对于罗马产生好感而对新教生出厌恶，将圣母敬拜的观念植入他的内心，使他逐渐接受基督真实临在的罗马教义。

6、与基布尔的交往

基布尔原是弗劳德在阿利尔学院的导师。据纽曼所述，一八二八年以前他自己颇有自由主义倾向，因此基布尔对他很冷淡，以后由于弗劳德的关系，他们的友谊才逐渐增进，彼此有了更深刻的了解。基布尔在感情上虽不喜欢罗马教会，但他对传统及权威的尊重，和对复原派自由教会的憎厌，却与弗劳德相同。基布尔的卓越品性和渊博学问为纽曼所非常钦佩，虽然他没有在一八四五年和纽曼一同脱离安立甘会，但他在这段期间内和在以后的牛津运动中和纽曼心心相印，并肩作战，与弗劳德及皮由兹等同为书册派的领导人物。

（三）纽曼的自由主义立场

受奥利尔学院诺伊底派的影响，纽曼一度采取自由主义的宗教立场，这可以从纽曼的一些讲道中得到证实。在一篇讲道中，他曾指出，基督徒的自由"就在于我们在很大程度上是以理性来知晓上帝的命令的，而且具有强烈地将这些理性应用于实际的动机，换言之，就是要反对盲从。"纽曼进一步进行说明，在福音中"基督就曾给我们一些原则，以此为基础，我们就可以获得更大、更显明的知识以履行我们的责任，这些原则就是我们践行福音的保证和动力。"[35]在另外一篇论述三位一体的教义中，纽曼指出，三位一体并不是一个教义，而是通过教会订立且需用心灵之光进行看待的一整套教义。基督徒对它的信仰是一种理性的信仰，而且这种理性并不是从纯粹理智和抽象开始的那种理性，而是从实践出发的一种理性，也正是在此一点上，纽曼与诺伊底派区别了开来。

（四）经由自由主义转皈安立甘——天主教

纽曼自由主义的立场使他与安立甘福音派渐行渐远，他以理性为工具，展开对先前福音派思想认识的批判性反省，最终在如皮由兹等高教派同事的影响之下，大约在1820s中期，转皈安立甘——天主教。

"安立甘——天主教"（Anglican Catholic）或"天主教——安立甘"（Catholic Anglican），还有一种称谓 Anglo Catholicism，译为"英国高教派教会主义"或"安（盎）格鲁大公教会主义"[36]。主要指英国安立甘教派内强调自身作为大公教会遗产而非宗教改革遗产的那些信众、信仰及其实践和组织形式。在历史上，安立甘——天主教主要与17世纪卡洛林神学家和19世纪的牛津运动联系在一起。长期以来，安立甘——天主教都持比较保守的传统做法，直到1970年后，它才接受按立女性神职的做法。但至于它具体包括哪些信仰内容，即使在安立甘——天主教派内争论、分歧也很大。一般而言，安立甘——天主教与东正教会、天主教会立场接近，与"老天主教"和路德派一样，它也遵守"圣味增爵法则"，信奉那些适用于各时、各地和所有人的信条。安立甘——天主教接受天主教的一些教义和做法，如弥撒、真实临在说、听告解、敬拜圣母玛利亚、实行独身制等。与安立甘其他教会不同，它会比较强调主教制、使徒统绪，强调教会的组织形式和各种圣事礼仪。以此而论，有以下两点证据可以表明纽曼在1820s皈依过安立甘——天主教。

---

35 BOA A.50.1.,1827年9月2日，"论基督徒的自由"，第4页。

36 《天主教英汉词典》，上智编译馆，2010年，第13页。

1、可见的教会

在教义上，福音派一般强调个人与上帝的直接沟通，因此宣扬不可见的教会，对有组织的可见教会并无兴趣。如前，纽曼受惠特利教会论的影响，认识到刻意区分可见教会与不可见教会并不符合圣经的教导，理由是上帝的恩宠普遍临在于基督徒中间。所有基督徒并不是一个个独立的个体，而是同属基督的奥体，所以应该以社会的形式和一定的秩序组织成可见的教会。[37]

2、教会礼仪

福音派时期的纽曼认为只有个人内在的悔改才是重生的标记，并不认同高教派那种通过洗礼获得重生的教义。如前，受霍金斯、皮由兹的影响，纽曼在 1825 年以后就基本上接受了洗礼的重生这一教义。这样，他就对基督宗教的礼仪、传统有了一种新的认识，洗礼如同圣餐礼一样都是"通常的、普遍的救赎方式"，而且这两种圣礼是圣经所传达出来最权威的救赎方式，成为所有圣礼的核心。另外，圣礼通过教会而非个人来实行，具有社会组织性和公开性，"公共祈祷"就是由此而生，它的重要性远胜于牧师的讲道。[38]在使徒时代都尊重教会权威，因为这是保持信仰、纯洁教义，平息个别基督徒的信仰狂热以及教会的良好运作的关键。[39]因此，任何的"裂教者"都应该被剪除，因为在信仰事务上，最可靠的保证来自于"基督教会那从不间断的见证和古老传统"。[40]主教就是"防止教会分裂的保护者"，通过他们的牧职，圣礼得以执行。[41]在举行圣礼时，任何神职都没有权利以公民的私人身份讲话，因为他应该是基督徒"信仰和道德"问题上的真正导师。

宗教社会学家认为皈依有一个认知发生的过程，存在"认知结构主义"（Cognitive Structuralism）及"认知再创造"方法（Cognitive Re-Creation Approach）等不同认识。主要代表人物有：詹姆斯·富勒（James Fowler）、吉恩·皮亚杰（Jean Piaget）和劳伦斯·科尔伯格（Lawrence Kohlberg），他们被称为是"发展心理学的认知——建构主义者"（Cognitive-Constructivist）。其

---

37 P.S.VII,p.234.

38 A.S.,I.,p.26.

39 P.S.VII.,p.17.

40 BOA.,讲道 216（1829 年 11 月 15 日），"论教会——合一与裂教之罪"，第 17-18 页。

41 BOA.,讲道 216（1829 年 11 月 15 日），"论教会——合一与裂教之罪"，第 3 页。

中富勒归纳出信仰的七个阶段，[42] 皮亚杰也提出认知发展的四个阶段，[43] 科尔伯格可以说是皮亚杰学说在道德领域的继承人，他以人的"道德判断力"为基点，提出了自己的道德发展阶段的理论假设。上述认知心理学家的思想可以归结为两点：认知有不同的阶段，进入更高级阶段都意味着新的认知元素的出现和对既有认知的超越；认知的超越既受到周围环境的影响，也是个人理性自我批判、自我超越的结果。1825 年，纽曼成为安立甘教会的牧师，这也标志着他第二次皈依的基本完成，即由安立甘福音派经由自由主义转皈安立甘——天主教。如前，他的这次皈依与奥利尔学院的学术环境、人际交往都密不可分，由此他才能对以往福音派的信仰、教义进行反思、批判，最终接受一种新的信仰价值观和教义内容。可以说，纽曼第一次皈依不具有批判性，是绝对地、被动地去服从一种外在的权威，但第二次皈依却具有自我批判性判断，主动寻求新的价值标准并将之融入个人的道德生命之中。所以，纽曼皈依安立甘——天主教可以称之为是"认知"皈依或"批判性道德"皈依。

二、皈依安立甘——天主教前后的启示理解

福音派时期的纽曼认为，只有基督宗教和犹太教属于启示宗教，上帝不会向异教徒启示自己。而且即使在基督教会内，受福音派神学的影响，纽曼认为也有"选民"和"弃民"的区别。可以看出，福音派时期纽曼对启示的理解仍然比较狭隘，也不成熟，但在皈依安立甘——天主教前后，他对启示有了新的认识，逐渐承认上帝启示的历史性与普遍性。

（一）启示的具体历史性

在《大学讲章》中，纽曼就曾指出基督宗教的启示是一种具体的历史启示，"基督宗教启示是以简单明了的事实和行为向人启示的，而不是以从现象

---

42 富勒认为信仰更多的是一种认知的过程，他将认知的结构转换为信仰的结构，并且考察它们在人们生活的实际存在的情形，进而他归纳出信仰的七个阶段：无差别（undifferentiated）、直觉-投射（intuitive-projective）、虚构-字面（mythic-literal）、系统-惯例（synthetic-conventional）、自我-反射（individuative-reflective）、矛盾-巩固（paradixical-consolidative）和统一（universalizing）。而且，七个阶段从第一阶段每进入下一个新的阶段，都意味着更为复杂的象征系统、道德判断、权威认识和对于世界的自我洞察的深入，直至最后一个阶段达至一种完全实现内在统一的新的人格的形成。因此信仰的过程就是自我不断学习和接受教育的结果。
43 分别是感觉运动、前运算、具体运算和形式运算。

抽象出来的令人头疼的结论，一般的法则或形而上学的推测进行启示，而是通过耶稣以及祂的肉身复活。"[44]在同一篇讲道中的另一处，纽曼在与自然宗教的对比中，再次强调了启示的历史性，"教导信仰的真理是通过历史，而不是调查；揭示神圣自然，不是在书本中，而是在行动中；不是在祂的道德律令中，而是在祂说出的命令中；训练我们成为王国的臣民，而不是成为斯多葛式的共和国的公民；强迫我们服从，是通过信仰，而不是通过理性。"[45]纽曼还以圣经为例进行了说明，宗徒大事录中的宗徒们的话和早期教会的信条几乎都坚持基督宗教的历史而非教义；它为上帝的计划（Economy）所设计，那种计划的事实给予它的启示以特殊性和力量。[46]后来，在《论4世纪的阿利乌主义者》中，纽曼又进一步明确指出，启示的一个特征就是，"它告诉我们世界并不仅仅依靠一种体系，而是依靠存在、真实、生活和个体。"[47]

（二）启示的普遍性

同样是在《论四世纪的阿利乌主义者》中，纽曼明确指出，"启示是普遍的，而非地方性的礼物。"[48]基督徒与以色列人以及异教徒的区别，并不是在于只有基督徒可以蒙受上帝的赐福而其他人不可以，而是说上帝的教会拥有权威的真理，具有与上帝沟通的通道，这些是犹太教及其他宗教所不具备的。圣言与圣礼就是上帝选民的标记；但是所有的人都或多或少地受到传统的指引，圣神将对与错的观念置于他们每个人心中。除了耶稣基督的道成肉身，上帝的启示也会以其他的形式存在于其他的宗教与文化中，"……或多或少地存在于各种不同的传统之中，这些传统与神意（Divine Providences）和施与（Dispensations）有关，零星地存在于异教徒的神话之中。"[49]

（三）启示与良知

纽曼认为上帝启示普遍存在的证据就是人的良知的存在，受巴特勒良知论的启发，他将上帝启示与个人良知联系在一起，他的这种认识集中体现在其《大学讲章》第二篇讲道"自然宗教与启示宗教各自的影响"之中，其中他的主要观点包括：

---

44 O.S. ,p.27.
45 O.S. ,p.30.
46 O.S. ,p.35.
47 Ari.,p.184.
48 Ari.,p.80.
49 O.S.,p.33.

首先，人通过良知认识到上帝的存在。良知与超自然实存联系在一起，"良知意味着灵魂与外在事，即比它更高级的存在之间的联系；与一种它所不具有的，它无力加以裁判的卓越存在的联系。"[50]

其次，良知是信仰的原则。"良知是人头脑中信仰的原则和认许。……因为良知是一种内在的律法，它不需要什么证据就给人带来真理，它本身就具有权威，向人发出命令，信仰的本性就是服从良知。"[51]

再次，自然宗教就是建立在良知基础之上。自然宗教的基本教义就是"奖赏与惩罚"，[52]而能够意识到未来"奖赏与惩罚"的则是人的良知，通过良知人会意识到行善即得奖赏，行恶即得惩罚，因此，良知就是自然宗教的保证。[53]

最后，由自然宗教到启示宗教。自然宗教和启示宗教密不可分，"两者在宣称同一本质教义方面是一致的，即，是对于同一问题的两个独立的见证。"[54]启示宗教是以自然宗教为基础建立起来的，"启示宗教植根于事件的自然进程中，其中它只是对于自然的结果和圆满。"[55]由于自然宗教建立在良知的基础之上，人通过良知可以经验到上帝的存在，但上帝并不内在于人的良知之中，[56]因此，自然宗教有其局限性。启示宗教与自然宗教的区别和超越之处在于，后者追求的只是一种"神圣原则"，而前者则是"神圣代理人"。[57]换言之，是否具有"人格化"的神成为启示宗教与自然宗教的本质区别。总之，纽曼并不是将启示宗教与自然宗教对立起来看待，而是在对两者肯定的同时，认为启示宗教是对自然宗教的圆满：

> 并不是说自然宗教教导的仅仅是律法，基督教教导的是谅解，自然宗教教导的是生硬地塞进人们头脑中的命令，基督教教导的是转化它的一种自由的宽恕（因为自然谈论祂的仁慈和严厉，而基督教则是相信祂的仁慈和严厉）；而是说，在基督教的框架内，我们发

---

50 O.S.,p.18.
51 O.S.,p.18.
52 O.S.,p.19.
53 O.S.,p.20.
54 O.S.,p.31.
55 O.S.,p.31.
56 "良知可以为那不可见的上帝的道德存在提供一种见证，但是它却无法证明自身的权威，它并不为宰制者和审判者提供任何意见。"（O.S.,p.23.）
57 O.S.,p.28.

现一切的神圣属性（Divine Attributes）（不仅仅是仁慈，当然仁慈是最重要的一点）会呈现给我们，这些神圣属性仍然不过是隐藏于有形事物的过程之中。[58]

（四）启示与理性

纽曼虽然因受诺伊底纯理智派的影响而对理性强调有加，但却认为在涉及信仰与启示时，理性应该坚守其界限，不能以理性简单否定神迹的存在，因为"启示可以弥补哲学宗教的不足，神迹就是它的象征，也是它的证据，对想象而言，这些神迹是自足的存在，为理性提供一种特殊的讯息。"[59]对于纽曼关于启示与理性的具体关系的认识，我们将在第四章进行系统论述。

总之，皈依安立甘——天主教后的纽曼对启示的理解进入到了一个新的阶段，也标志着他的启示神学的正式形成。与福音派时期的启示理解相比，这一时期纽曼对启示的理解有了新的突破，集中体现在他认为启示的证据包括内在的良知与外在的历史两个方面，在此基础上，应该从历史性与普遍性双重维度来理解上帝的启示。但另一方面，这一时期纽曼的启示理解还仅仅是初步的理解，还有诸多需要进一步探究的问题。如：对于启示与历史的关系，上帝启示在历史中是否存在发展？如何看待上帝启示的历史性与奥秘性之关系？对于启示与良知的关系，怎样建立启示的认识论基础？对于启示与理性的关系，如何建立启示在现代知识体系中的知识地位？

第四节 皈依罗马天主教及其启示理解

一、19 世纪初英国安立甘教派身份认同危机的出现

英国安立甘教派又称为"英国国教会"或"英国圣公会"，它是 16 世纪英国宗教改革时建立的民族教会，与路德宗、加尔文宗合称新教三大主流教派。该宗自称与天主教、东正教同是使徒所传古老公教会的一支，其基本的教义信仰是 1571 年英王颁布的《三十九条信纲》（Thirty—Nine Articles）。该宗在教义、礼仪和组织制度方面较新教其它各派更多保留罗马天主教会的传统，但不承认教宗的绝对权威。宗教改革以来，英国一直是一个王位与祭坛结合的政教联合

---

58 O.S.,p.33.
59 Ari.,p.185.

的国家，安立甘教派在国家宗教生活中被赋予独占性的地位。但是 19 世纪各种思潮严重冲击着英国安立甘教派，使其产生严重的身份认同危机。

（一）功利主义

19 世纪初，英国最为流行的哲学是功利主义（Utilitarianism）。功利主义者崇尚理性，压抑情感，反对各种浪漫主义。在信仰上，功利主义者排斥宗教，主张摈弃一切没有理性根据的信念，包括对上帝的信仰。到 19 世纪 20 年代，英国功利主义开始具有了很高的组织性，也达到了巅峰，随后又影响了整个世纪。[60]

功利主义思想直接导致了当时整个英国社会和教会的世俗化。在其影响下，现实物质利益成为人们追逐的首要目标，宗教信仰的虔诚追求已被抛弃，宗教的神圣性受到严重挑战。这样就在实际中带来了严重的信仰危机，正如卡莱尔所言："我们的信仰彻底崩溃了……古老的'我们忘记了上帝'的话，竟成了时下最流行的用语，并且成为确凿的事实：认定上帝是不存在的，反而对各种假象和虚伪的东西推崇备至。……我们不再相信有上帝！"[61]其结果就是英国安立甘教派权威被严重削弱，"认信"国家走向瓦解。[62]

（二）伊利都主义

宗教改革以来，英国一直是一个政教联合的国家，安立甘教派在国家生活中被赋予国教的地位。换言之，英国安立甘教派的宗教权威与国家的政治权威存在一种合作关系，保持了一定的平衡。但是 1828-1832 一系列的宪政体制改革却使国教会的权威受到严重挑战，改变了英国传统的国家与教会的关系。

1828 年 4 月，英国议会废除了实行长达一个半世纪多的《宣誓法》和《市政法》。这就意味着国家权力向英国的新教非国教徒的开放，国教霸权统治地位开始瓦解。次年，议会又通过《天主教解放法》，[63]赋予天主教徒以被选举

---

60 [美]斯特龙伯格著：《西方现代思想史》，刘北成，赵国新译，中央编译社，2005，第 260 页。

61 [英]卡莱尔著：《文明的忧思》，郭凤彩译，金城出版社，2011 年，第 2 页。

62 叶建军：《评 19 世纪英国的牛津运动》，载《世界历史》，2007 年第 6 期，第 25 页。

63 长期以来，英国国教会在国家权力中占据主导性地位，这主要是通过 1661 年的《市镇社团法》和 1673 年的《宣誓法》得以实现的，根据这两项法案，包括天主教徒在内的一切非国教徒都被排斥在国家政权机构之外，以保证国教徒的政治权力的

权。1832 年议会改革法案[64]的通过以及辉格党在随后而来的大选中的胜利已经预示着国教会厄运将至。1833 年，辉格党政府向下议院提交了一个《爱尔兰教会财产议案》，计划撤销爱尔兰教会的 10 个主教区，所得教会财产交由一专门委员会"教会委员会"（Ecclesiatical Commission）负责。政府在未与教会商讨和得到教会认可的情况下单独决定裁抑爱尔兰教会，无异于表明国家抛弃了维护国教会利益的义务，背离了政教联合的原则。正如当时牛津伍斯特学院（Worcester College）的一位正统的教授威廉·帕尔马（William Palmer）所担忧的那样，辉格党现在可以插手爱尔兰教会事务，那么下一步必然也会插手英格兰教会内部事务，这将会极大损害国教会的教义尊严。另一方面，议会对于教会财产的处理办法也将会使教会失去原来每年 15 万英镑教会收入的支配权，国教士认为这当然是对国教会财产的鲸吞。

总之，《天主教解放法案》、《改革法案》和《爱尔兰教会财产法案》的颁布极大改变了英国的政教关系，也引发了安立甘教派的身份认同危机。书册派担心这种伊利都主义（Erasitianism）或称之为"国家全能主义"，即国家对教会事务的控制会损害英国的基督教会。而所谓的伊利都主义，是指国家与教会关系中的国家全能论，从 16 世纪神学家埃拉斯图斯（Erastus）的学说引申而出，主张对所有罪犯的惩罚，应交国法处置，不承认教会有制定法律及惩罚罪犯的权力。在书册派看来，正是这种"国家全能主义"使这时的英国教会已经蜕变成为"国家的"而不是"真正的"教会。[65]另一方面，议会对于国教会事物的介入，使得安立甘教派不得不重新思考它的立足点在何处，教会权威的性质是什么，教会怎样管理，议会介入教会事务的界限等问题。

独占地位。尽管在光荣革命后通过了《宽容法案》，允许非国教徒的新教徒有礼拜和信仰的自由，但并不能享有与国教徒一样的权利，而且这项法案是不适用于天主教徒的。但是这种情形到了 19 世纪初却发生了很大的变化。当时，通过了英格兰与爱尔兰的合并法案（*Act of Union of England and Ireland*），新增加的天主教徒使得当时英国的非国教徒的数字激增，占到当时总人口的三分之一。辉格党上台后，在 1829 年 4 月通过了《天主教解放法》（*Roman Catholic Emancipation Act*），通过这项法案，天主教徒获得了与国教徒同样的选举权和被选举权，国教会在国家权力中的独霸地位最终被打破，这同样使得国教人士忧心忡忡。

64 具体而言，"改革法案"的通过就使得当时英国 25 万非国教徒获得了选举权，这显然是对于国教人士的沉重打击。

65 Tracts, no.1,p.126.

（三）宗教自由主义

牛津运动前，英国安立甘教派内存在各种宗教自由主义思潮，同样构成对安立甘信仰的巨大威胁。尽管这些自由主义脱胎于 18 世纪的那种宗教自由主义（Latitudinarism），但是书册派尤其是纽曼却赋予其更为特定的内涵。

纽曼将宗教自由主义定义为，"反教义的原则及其发展"。[66]在《自辩书》（Apologia）最后，他对之有一个更为详细的定义："自由主义就是使神圣教义屈从于人的判断，而前者是超越独立于后者的；（自由主义）就是应该通过外在的圣言（Divine Word）接受的真理却通过内在的理解而接受。"[67]不难看出，纽曼主要是从是否信从基督宗教教义的角度而言的，具有鲜明的护教性质，纽曼本人一生也为之进行过不竭的理性探索。[68]

纽曼所批判的宗教自由主义者主要包括：首先，是指当时奥利尔学院出现了所谓诺伊底派（Noetic Groups）。这一派学者的自由主义气氛颇为浓厚，非但对政治及一般社会问题的主张富有自由主义色彩，即使对宗教信仰问题的见解亦然。他们相信宗教信仰的歧异是无可避免的，欲寻求一种不能错误的权威来解释一切，既不可能，也无必要。其次，是指主张教会与国家合一的托马斯·阿诺德。[69]第三，是指一些新教教派及其做法，集中体现为新教福

---

66 Apo.,p.54.

67 Apo.,p.256.

68 在其著作中，尤其以《论基督宗教教义发展》、《自辩书》和《赞同的法则》最为经典。

69 托马斯·阿诺德（Thomas Arnold）原来也曾任教于奥利尔学院，后来又去担任拉格比学校（Rugby School）的校长。他在 1833 年出版了一本书，《教会改革的原则》(The Principles of Church Reform)，这本书立即引起轰动和争论，在短短六个月时间内，再版了几次。在这本书中，阿诺德认为英国国教会应该具有更大的广泛性，应该吸纳除天主教、贵格会（Quakers）和一性论（Unitarians）之外的一切教派。他认为只有通过这种方式组织起来的英国国教会，才能与国教生活联系在一起，并奠定国教会在其中的地位。他的这种观点，似乎是 2 个世纪前的理查德·胡克（Richard Hooker）的回声。胡克当时写过《教会政体的规则》(Laws of Ecclesiastical Polity)一书，主要观点就是主张教会与国家是一体的。但是这种观点在历史现实中却是不可能实现的。因此，阿诺德的这种思考显然是不具有实际的意义的，因为他没有考虑不信国教者（Dissent）的因素，他的想法只是国教会的一厢情愿而已。

音主义的出现，在教派上体现为作为非国教派[70]的卫斯理公会福音运动的出现和影响。[71]在教义上，该派试图超越教派之分，调和新教各教派孤立的排他主义，允许信众对于圣经的自由解读。总之，书册派所反对的宗教自由主义的主要表现形式就是哲学理性主义和宗教信仰中的个人解经。

对于纽曼等书册派而言，宗教自由主义就是当时英国安立甘教派一切危机的最终根源。在他们看来，正是宗教自由主义造成了安立甘根本信仰价值的相对化，造成了国教会与世俗国家的过分妥协，也引起安立甘教派内部的分裂。他们甚至怀疑当时为宗教自由主义充斥的英国安立甘教派已经堕落成为了"异端"教会。[72]

综上所述，19 世纪的英国安立甘教派深受功利主义、国家全能主义和宗教自由主义的冲击，而出现了身份认同的危机。具体而言，功利主义哲学的

---

70 英国的基督教本来就是处于分裂状态的一种宗教。从信仰的角度说，自宗教改革以来，英国基督教一般分为英国国教派、非国教派（non-conformist/dissenters）与天主教派。其中非国教派主要指新教各派别。19 世纪初，大多数不从国教者属于长老会、公理会、浸礼会和贵格会、一位性论等。其中有较大发展的派别是公理宗和浸礼宗，而贵格派和一位性论仍是势力弱小的少数派，长老宗主要由于从苏格兰迁来的大批移民而得到复兴。这些教派有一个相似的特点，就是不遵从王命，拒绝参加国教。在 19 世纪初，非国教派得到很大的发展。1800 年英国不从国教者占全国总人口的 1／5，19 世纪参加不从国教者礼拜仪式的人数与参加国教会礼拜仪式的人数相等。（王美秀等著：《基督教会史》，江苏人民出版社，2006 年，第 290 页。）

71 1739 年，卫斯理与惠特菲尔德发起了卫理公会派运动，试图恢复加尔文派的精神，对其他教派比较宽容，积极参与社会。十九世纪里，英国工业与商业领域里，声势浩大的人道主义运动、慈善运动、社会运动和反奴隶制运动，很大程度上都受到卫理公会教派的影响。因而在实际中赢得广泛的信众支持，从 1800 年到 1860 年，信徒增加了 4 倍。（王美秀等著：《基督教会史》，江苏人民出版社，2006 年，第 290 页。）

卫理公会运动促进了英国低教会运动的发展。卫理公会教派运动之后，是威尔伯福斯（William Wilberforce，1759-1833）发动的低教会派运动，它与卫理公会教派颇多相似之处，而其最重要的区别则在于它试图从内部对英国教会进行工作，这使他遵循了新教之路。它的活力与卫理公会教派无甚区别，也产生出同样的道德和社会结果。（[意]拉吉德著，[英]科林伍德译：《欧洲自由主义史》，杨军中译吉林人民出版社，2011 年，第 94 页。）

72 在牛津运动之前，纽曼就曾研究过 4 世纪基督教会所谓的异端理论阿里乌主义（Arianism），并将之与 19 世纪的安立甘教派进行了对比，并得出当时英国的安立甘教派的立场非常接近"半阿里乌主义"的结论。（Apo.,p. 235.）

泛滥造成安立甘信仰的世俗化倾向日益严重，宗教追求的终极价值受到严重挑战。国家全能主义造成的政教关系的失衡也迫使其不得不审视作为被边缘化的处境。而宗教自由主义的流行更是危及到其核心信条、信仰。换言之，面对 19 世纪新的哲学思潮，新的国家治理理念和社会生活的世俗化趋势，安立甘教派出现了身份认同的迷失。而要重新获得自身的身份认同，首先就要求其自身在精神价值、组织制度和教义理解方面进行整合。牛津运动正是安立甘教派内以纽曼为首的部分精英为求得这种身份认同而进行的一次重要探索。

二、牛津运动中纽曼与英国安立甘教派身份认同的重构

牛津运动又名"书册派"（Tractarians）运动，理由是，这场运动的主要形式是编写发行小册子或丛书，称为《时论》（Tract），前后共计发行 90 册。其中二十三种出自纽曼之笔，其余的为诗人牧师基布尔（John Keble，1792-1866）、教义学家皮由兹（E.B.Pusey，1800-1882）、历史学家弗劳德（R.H.Froude，1803-1836）等人所撰写。以纽曼、皮由兹为首的书册派通过出版《时论》表达自己对于安立甘教义和教会的立场、观点和意见，从理论上为安立甘教派身份的重构做出了重要的贡献。

（一）回归大公传统

1、教会权威

宗教改革以来，一般认为基督新教强调圣经在宗教信仰和生活中的权威地位。同是作为基督新教的一个派别的英国安立甘教派，在其《三十九条信纲》中虽然也强调圣经的权威，但是同样对于古代教会的传统给予重视。在此意义上，与罗马天主教会较为接近。在安立甘教派的历史发展中，其中高教会[73]和 17 世纪的卡罗林宗教思想家们[74]就比较强调传统的价值和意义。但

---

73 国教会有高教会、低教会之分。高、低教会的区分在于高教会主张在教义、礼仪和规章上大量保持天主教的传统，要求维护教会的较高权威地位。后来，19 世纪国教会内还一度出现广教会派（Broad Church），成为试图改革国教会的一支力量。广教会派是英国国教内主张调和高教会派和低教会派的一部分人，这支力量源于柯勒律治的概念"知识阶层"（clerisy），即主张建立由思想和实践的各个领域中的杰出人物而非"教士阶层"（clergy）领导的新型民族教会。广教会的主要代表人物除柯勒律治外，还有托马斯·阿诺德（1795-1842）、约翰·莫里斯（1805-1872）、威廉·罗伯逊（1816-1853）、查理·金斯利（1819-1875）等。但严格来说，所谓

在书册派们看来，英国的安立甘教派其实对于古代教会传统的权威强调不够，甚至是忽视了这一传统在宗教的作用，他们要做的就是要接继卡罗林宗教思想家的传统，进而回归古代基督教会传统，以反对当时危及到安立甘根本信仰的理性主义和解经中的个人主义。

书册派所向往的古代教会实质上就是大公教会（catholic church），即在东西方教会分裂之前的基督教会。书册派之所以主张英国的安立甘教派应该回到最初世纪的教会去，其理由主要有：首先，那时基督教会诞生了一批教父作家，如阿塔纳修、奥古斯丁、巴塞尔和列奥等，他们反对当时的各种异端理论，以捍卫基督宗教的正统信仰。其次，那一时期也是基督教会通过几次大公会议最终确立各种教义和信经的时期。最后，那时的教会还是统一的教会，不像后来中世纪东西教会的分裂和16世纪的宗教改革运动带来的更大的分裂。总之，早期的大公教会因具有普世性、大公性以及教父赞同，所以无论在根本信仰还是在组织制度方面，都值得英国的安立甘教派学习。

但是，纽曼与书册派所主张的回归古代大公教会并不是一种简单的回归，也不仅仅是一种权宜之计。这可以在与卡罗林宗教思想家的对比中发现。尽管两者都重视古代教会的权威，但是两者的出发点和归宿却并不相同。后者是要以古代教会的教导来证实、支持英国安立甘教派信仰的正当性。而前者则是要颠倒这种关系，对于书册派而言，"古代教会成为一个绝对的标准和最

广教会运动从未自成一派。（[美]威利斯顿·沃尔克著，《基督教会史》，孙善玲等译，中国社会科学出版社，1991年，第625页。）尽管这支力量的思想成就非常突出，但是对于社会各阶层的影响力却非常微弱。

74 卡罗林宗教思想家是英国17世纪非常著名的一个宗教思想家群体，他们将安立甘教派的学术研究推向了一个巅峰，成为安立甘神学思想中的黄金时代。在神学观点上，他们反对加尔文主义（Calvinism）和清教主义（Puritanism），强调主教制度（Episcopal Polity）、使徒统绪和圣事（Sacraments）。卡罗林宗教思想家们认为安立甘教派的"中庸之道"并不是一种妥协，而是一种积极的选择，从中可以发现上帝的普遍临在和上帝通过可能错的安立甘教派实施救赎的启示。如同一般的安立甘宗教思想家一样，他们强调圣经的权威，但同时也重视理性和传统，对于传统的重视使他们同时珍视古代教父的遗产。他们对于宗教改革前的繁琐的礼仪和禁欲主义也非常热衷，并在实际中恢复教堂的圣像画和雕塑。代表性的宗教思想家主要有查尔斯·金（King Charles the Martyr），安东尼·兰克劳特（Lancelot Andrewes），约翰·考森（John Cosin），托马斯·肯（Thomas Ken），威廉·劳德（William Laud），托马斯·斯帕特（Thomas Sprat），吉米·泰勒（Jeremy Taylor），赫尔伯特·桑迪克（Herbert Thorndike）等。

终的诉求"。[75]古代教会就是英国教会的原型，只有遵循那一原型，才是真教会。当然遵循并不是照搬，而是那种原型在19世纪的英国教会中的复活与更新。也就是说，书册派所理解的古代传统是一种活的历史传统，传统会在历史中不断寻求新的表达。但是这并不影响这些表达都有一个源头而来，这个源头规定了以后各种发展的方向和本质。

总之，纽曼与书册派们要做的就是要重新发掘大公教会传统，为英国的安立甘教派重新奠定历史的根基，将安立甘教派的权威不是仅仅建立在圣经之上，而是同时要建立在古代教会传统和教父作家的教导之上，这样才能找回其应有的身份认同。[76]概言之：在教义方面，坚持正统信仰；在教会组织方面，坚持使徒统绪。

2、正统信仰

基督宗教的发展历史实质上也就是基督宗教教义的发展历史，正是因为在其历史发展中出现不同的教义及其理解，才导致了基督宗教各个教派的产生。在基督宗教各主要教派及其内部之间，围绕教义问题会发生种种的冲突，那些宣扬自己就是信仰真理掌握者的教派往往肯定自己谨守的才是正统信仰，而对违背正统信仰的教派有时会称之为"异端"。那么如何解释基督宗教教义历史发展中的相互冲突的现象呢？谁可以作为信仰真理的仲裁者呢？牛津运动中的书册派所关注的核心问题就是教义问题，这必然就要涉及到对基督宗教教义历史发展的原则和标准。

最初，书册派推崇"圣味增爵法则"，将之作为教义理解的根本原则。5世纪的教父作家乐林文味增爵（Vincent of Levins）著有《教义记录》（*Commonitorium*），在这本书中，他提出了所谓的"圣味增爵法则"，即那被启示的、宗徒的教义应该是"各时、各地、各人都相信的"（*quod semper, quod ubique, quod ab omnibus*）。

在书册派中，纽曼最为关注教义理解问题。牛津运动初期，他的工作就是要将"圣味增爵法则"应用于英国教会及其信仰。在他看来，如果运用这一标准来判定的话，罗马天主教会存在教义的附加（additions）现象，如罗马

---

75 P.B.Nockles,*The Oxford Movement in Context:Anglican High Churchmanship 1760-1857*（Cambridge:Cambridge University Press,1994）,p.114.

76 C.F.Harrold,*John Henry Newman:An Expository and Critical Study of His Mind , Thought and Art*（London:New York,Toronto,1945）,p.36.

天主教会关于"教皇至上"的教义；而新教会则存在减少（subtractions）现象，如基督新教的一些派别宣扬"唯独圣经"的教义等。纽曼认为，这种原则仅仅适用于未分裂前的大公教会。这也正是19世纪面临各种危机的英国教会应该接继的传统，英国的安立甘教派只有回到古代教会才能保证其信仰的真理性，这正是书册派孜孜以求的目标。这一教义理解原则就成为牛津运动初期尊重古代教会最有力的理论支撑。

但是，正如书册派在后来的研究中所意识到的，"圣味增爵法则"在看待教义发展史时采用的是一种机械静止的认识，无法对教义历史发展所蕴含的启示意义做出解释。这也就促使他们，主要是纽曼，在此方面进行了更为卓绝的探索。1845年，纽曼出版《论基督宗教教义发展》，其中他提出了"教义发展"理论。根据这一理论，他就推翻了传统的安立甘教派否定罗马天主教教义历史的认识，在一定程度上肯定了从尼西亚大公会议到特利腾大公会议之间罗马天主教的历史和教义，并将之与安立甘信仰调和起来又一起整合到早期基督教会的遗产中去。

3、使徒统绪

使徒统绪是指教会的管理权力是由早期教会的宗徒们而来的，其有形可见形式就是基督教会内主教职务的执行与传承。但是在现实的教会与使徒教会究竟怎么的一种继承关系上，基督宗教各教派的理解和做法是非常不同的。天主教强调的是一种历史性联系，而安立甘教派则更强调一种精神性的联系，因而后者认为所谓继承并不是一种机械的历史序列的演进，而是指使徒时代组织和信仰生活对于现实教会的有效影响力。

如前所述，英国自宗教改革以来，形成了政权高于并支配教权的政教格局，教权对政权具有很大程度的依附关系。但另一方面，英国的安立甘教派同时也具有一定的自治自主权，尤其是在涉及到宗教自身问题时。也就是说，虽然处于国家权威之下，但安立甘教派仍希望维持其基本的宗教权威，并不希望国家权威过分地剥夺宗教权威。但19世纪初期的伊利都主义的盛行，使得这种危险成为现实。1833年，基布尔发表《举国叛教》（National Apostasy）的布道，公开反对议会通过的《爱尔兰教会财产法案》。牛津运动由此而起。

牛津运动最初阶段基本是以讨论教会权威为核心的。正如纽曼在《时论》第一册中所言，"当国家抛弃我们时，我们的权威将安在何处？"[77]这就充分反映了当时英国安立甘教派内对于来自国家权威侵害的焦虑。纽曼对上面问题的答案就是使徒统绪。对于纽曼而言，使徒统绪一方面是圣俗之分的标准，使徒统绪保证了英国教会的神圣地位，成为世俗政权不可潜越的一块"飞地"；另一方面，使徒统绪也是安立甘教派区别于宗教改革以来各种新教教派的明显标志，是安立甘教派独特身份的集中体现。其存在的意义不仅仅限于教会管理的秩序层面，还在于它为信徒的救赎提供了宗教意义上的有形可见的保证，因而具有"圣礼"的幅度。[78]

（二）遵行"中庸之道"

"中庸之道"（*Via Media*）是一个拉丁表述，是指"采取中间道路"，是指一种在思想和行为中采取不偏不倚的立场的态度。最早来自于希腊哲学家亚里士多德的"中道"的思想，即避免极端化的倾向，后来也成为古罗马国家和社会中的一种主导型的哲学原则。

中庸之道以后又被运用于英国的安立甘教派，在牛津运动时期，纽曼出版了一系列的《时论》，题目就是"中庸之道"。"中庸之道"最早是在 1834 年夏天的第 38 和第 41 册时论中提出来的，其中纽曼这样写道："英国教会的光荣就是中庸之道，如同以前被称谓的一样。它存在于宗教改革者与罗马天主教之间。"[79]但是在最初，纽曼对于中庸之道的表述并不清晰，直到 1837 年发表《从与罗马天主教与新教的关系来看教会的先知角色的演讲》(*Lectures on the Prophetical Office of the Church viewed Relatively to Romanism and Popular Protestantism*)。其中纽曼区分了两种传统，即使徒（Apostolic）传统和先知（Prophetic）传统。第一个传统是不可变的信仰的宝库，第二个传统则构成对信仰宝库的有力的补充，后者并不具有根本的作用，在可信度上有层次和程度的区分。[80]

---

77 Tract，no.1,p.2.

78 P.B.Nockles,*The Oxford Movement in Context:Anglican High Churchmanship 1760-1857*（Cambridge:Cambridge University Press,1994）,p.151.

79 Tracts.no.38,p.6.

80 古特在《纽曼论传统》中对两者的关系与区别有明确的分辨。（Gunter Biemer, *Newman on Tradition*,New York:Herder and Herder, 1967， pp.46-47.）

纽曼与书册派以中庸之道来表示对于三十九条信纲的忠实，进而表明他们与早期英国安立甘学者和宗教思想家们的一致性，认为 17 世纪的理查德·胡克在其《教会政体的规则》一书就曾表达过这种观点。但需要指出的是，胡克并没有在其著作中运用过这一概念，而且在他著作中他所要反对的是一种极端的对于加尔文主义的鼓吹，因此是仅仅局限于新教主义内部的。而书册派则将之进行了自己的发挥，其所强调的中庸之道并不仅仅局限于新教内部，而是要在极端的新教主义和天主教主义之间寻求一种平衡。他们研究了"伊丽莎白的决定"（Elizabethan Settlement）[81]，并对它进行了重新解释，认为它实际上是在罗马天主教与宗教改革之间的一种妥协。因此，中庸之道在英国安立甘教派思想史中是一种新的观念，它继承并发展了卡罗林宗教思想家和高教会的认识，成为重新获得安立甘教派身份认同的根本性认识。

中庸之道的提出也在理论上带来了对于自宗教改革以来安立甘教派与新教会的关系的新理解。一般认为安立甘教派与新教会都是宗教改革的产物，习惯性地把安立甘派归入基督新教的阵营。但书册派提出的中庸之道则在很大程度上凸显两者的分野，以追求安立甘教派的独特身份，将自己的神圣价值建立在古代教会而不是宗教改革之上。这也就无怪乎牛津运动早期的领导人弗劳德 1834 这样说了，"我每天都变得对宗教改革的忠诚越来越少"。在其他地方他甚至说得更为过分，"我越来越憎恨宗教改革和宗教改革者"，"宗教改革是一个坏枝条——为了修正，必须再次折断。"[82]

需要指出的是，书册派的中庸之道的思想在现实中并没有发挥多大的影响力。纽曼后来在其《生命之歌》中就曾这样写道："当一个人拿起中庸之道时，他就是一个教条主义者……中庸之道已经躺进图书馆了。"[83]也就是说，它只是一种"书本上理论"（paper theory）而已。

---

81 自 1559 年 1 月伊丽莎白的第一届国会开幕起，伊丽莎白陆续颁布和实施了一系列的宗教法令和文件，主要包括两个国家法令，分别是《至尊法》和《信仰划一法》，两个宗教文件，分别是《公祷书》和《三十九条信纲》，总称为"伊丽莎白的决定"。（柴惠庭著：《英国清教》，上海科学院出版社，1994 年，第 65 页。）

82 J.H.Newman,ed.*The Remains of the Late Reverend Hurrell Froude*（Oxford,1838.），vol.1., pp.336,389,433.

83 Apo., p.201.

（三）践行圣事礼仪

基督宗教各教派对于圣事礼仪的理解和实践各有不同，相比较而言，罗马天主教对此较为强调，并规定教会内实行七件圣事。经过宗教改革，新教各教派只将洗礼和圣餐礼保留下来。在英国的安立甘教派内，只有高教派比较重视古代教会的圣事礼仪。牛津运动时期，书册派始终致力于提倡、恢复宗教改革后为新教所废除的圣事、礼仪、圣像等古代教会的一些风俗和做法，皮由兹在第 67 号《时论》中就曾发表"圣经关于神圣洗礼的观点"，以强调基督宗教的洗礼对于信众道德和人格净化的效果。在牛津运动走向低潮后，在皮由兹的领导下，书册派还转向了对于宗教礼仪的研究，出现了所谓的"礼仪主义"（Ritualism）。也正是在此意义上，书册派又被指为是"皮由兹主义"（Puseyism）。

书册派之所以提倡和实践古代教会的活动礼仪与他们的宗教认知是密不可分的。他们认为宗教礼仪就是宗教启示的可见形式，基督宗教的礼仪、庆典和装饰等象征和形式可以激发信众的宗教虔敬情感，使其更有效地皈依基督信仰。对此，皮由兹在致帕诺（Reverend G.R.Prynne）的信中这样写道："我长期以来感到我们必须要抓住人心，然后才能让他们自己结出虔敬的果子来。从外在的事物开始看起来就像收集花朵并将它们种在地里生长。如果我们得到他们的心，其他的就是自然而然的了。"[84]

总之，与其他宗教一样，基督宗教的身份标示也都体现在其宗教信仰、宗教组织和宗教生活等方面。如上所述，书册派们所进行的对于英国安立甘教派身份认同的构建也基本上是围绕以上三个方面进行的。具体而言：他们极力鼓吹大公教会的正统信仰和教父作家的教导以对抗当时的宗教自由主义，突出安立甘信仰的大公性质。他们又以使徒统绪反对当时的伊利都主义，强调安立甘教派的使徒性质。另外他们还通过恢复各种古代教会的礼仪活动，彰显安立甘敬拜的圣事性质。

从另外一个角度而言，英国安立甘教派又是基督宗教的教派之一，必然也具有与其他教派不同的特征。书册派在重建安立甘教派身份认同时，也看到了这一点。具体从纵向的角度而言，书册派将安立甘教派植根于最初的大公教会，而不是宗教改革，有意淡化其与基督新教派的联盟关系。从横向的

---

84 H.P.Liddon,*The Life of E.B.Pusey,D.D.*（London,Longmans,Green,1893-7）,3,p.369.

角度而言，书册派认为安立甘教派应该遵行"中庸之道"的立场，又与大公会议之后的罗马天主教会划清了界限。最终，安立甘教派就获得了一种即具有罗马天主教传统，又具有新教传统，但另一方面又与两者完全不相混同的独特的身份认同。

三、牛津运动的失败与纽曼转皈罗马天主教

（一）"中庸之道"的破产

事实上，直到 1839 年，纽曼一直以安立甘教会的中间路线理论作为牛津运动的基本立场和观点。1836 年，纽曼开始编辑英文版的古代教父作品。其目的是要试图为介于极端的教宗主义（Popery）和新教（Protestant）之间为英国教会所持守的"中庸之道"寻求依据，另外就是要恢复宗教改革时期抛弃的天主教的一些教义和崇拜。1837 年，纽曼发表一系列的演讲来说明"中庸之道"给予牛津运动在教会观问题上一个坚实的基础。他认为，安立甘教会既不同于天主教，也不同于新教。真正的教义存在于基督宗教世界（Christendom）分裂之前的早期教会之中，古代教父们的教导对于任何寻求真理的人都是绝然正确的。因此，英国安立甘教会应该回归早期教会信仰。

纽曼在牛津的影响在 1839 年达到顶峰。[85]此后，纽曼思想开始发生重大转变。1839 年 4 月，纽曼开始研究 5 世纪的一种异端思想———一性论[86]（Monophysite）。在研究中，纽曼发现那时的一性论其实走得也是一条中间路线，这一异端介于罗马教会与优迪克斯主义者（Eutychians）之间。纽曼第一次对安立甘教会的立场产生了极大的怀疑，他后来写道，"这使我第一次对于

---

85 从 1833-39 年，纽曼积极参与牛津运动，他充满活力，满有激情，他"意识到自己是在做自己梦寐以求的事情，感到他所从事的事业是那样的重要而又激动人心"。 在这一时期，除了写作《时论》，纽曼还拜访全国各地的神职，并给他们写信，不管他们究竟是属于高教会还是低教会，目的是要动员他们一致反对信仰中的"自由主义"。另外这一时期，纽曼还成为了《不列颠批评》的编辑。他真正感受到了"神意"的存在。这一时期，除去积极写作书册外，纽曼还连续出版了《安立甘教会的中庸之道》（Via Media of Anglicanism 1837），《关于教会先知角色的演讲》（Lectures on the Prophetical Office of the Church 1837），《关于称义教义的演讲》（Lectures on the Doctrine of Justification 1838）。

86 来自于土耳其一名为优迪克斯的教义主张，严格反对奈斯多略主义（Nestorianism），主张基督在降生前原有二性，但在降生后混淆，变为一位、一性体。

安立甘教会产生了怀疑。"[87]他无法将安立甘教会的"中庸之道"与一性论协调起来，他后来写道："我在镜子里看我，发现我竟然是一个一性论者。"[88]尽管此时纽曼陷入了对于安立甘教会的怀疑之中，但他仍然认为罗马天主教会是对于古代信仰的败坏，他仍然去试图修补他的这一认识。这一时期，纽曼还阅读了《都柏林评论》（*Dublin Review*）中尼古拉斯·怀斯曼[89]（Nicholas Wiseman）的文章，"安立甘宣告"（Anglican Claim），其中有圣奥斯定反对多纳图[90]（Donatist）的话，"无所顾虑的世界自会批判"（*Securus judicat orbis terrarum*）。他后来这样写他当时的反应：

> 仅仅一句话，圣奥斯定就深深打动了我，之前从没有哪些话可以这样触动我……它们就像是'拿起来，读！'，那样一句使圣奥斯定本人幡然醒悟的话一样。'无所顾忌的世界自会批判！'通过古代教父的这些震撼人心的句子，可以来解释和总结教会悠久而又复杂的历史，中庸之道的神学彻底被粉碎。[91]

（二）"三重打击"

1、《时论》第 90 册被禁

1840 年《时论》第 90 册出版，这一单张原是纽曼为答覆他的门生沃德（W.G.Ward）所提出"英国教会能否恢复其大公性"一问题而作的，内容涉及对安立甘基本信条三十九条信纲的解释。

根据纽曼的解释，三十九条信纲的立场主要有以下三点：首先，反对罗马教宗在政治上享有最高权威地位，而非反对罗马教会的最高权威地位。其次，对特利腾大公会议所订立的信条在基本上并不反对，因此也不能说它是反大公教义（包括炼狱，向圣徒祷告和弥撒等。）的；它所反对的只是罗马教会对于一般传统上的错误未加以严厉制裁而已。最后，英国政府以三十九条信纲为工具，以争取那些愿意留在天主教会，却不愿意服从罗马教皇的人。

---

87 Apo., p. 14.

88 Apo., p. 114.

89 1832 年 12 月，纽曼与赫里尔·弗鲁德，曾一起进行了一次南欧之旅，期间纽曼在罗马曾邂逅怀斯曼。

90 第四世纪北非迦太基主教多那图（Donatus）等倡导的教义主张，认为圣者的教会必须保持神圣、纯洁，陷于大罪者不能属于教会，且以有圣德的圣职人员授圣体方为有效。

91 Apo., p. 116.

纽曼的结论是：三十九条信纲只具有消极价值，缺少积极意义，更不能代表真理。

第90册《时论》通过对三十九条信纲进行了细致的考察，指出它们的否定并不直接反对权威认定的罗马天主教信条，只是反对一般的错误和夸大。因此，尽管第90册《时论》表面上是全面协调安立甘教会的三十九条信纲与罗马天主教的信仰，但在实际上却对三十九条信纲的权威性提出了质疑，这样就危及到了安立甘信仰的根本。因此，第90册《时论》的出版在牛津中立即引起了轩然大波。最后，在包括牛津主教理查德·巴格特（Richard Bagot）等24位主教的请求下，《时论》被禁止出版。

2、一性论幽灵再现

第90册《时论》被禁是纽曼在1841年遭受的"三重打击"（three blows）之一。另外，这一时期，纽曼在阅读阿里乌主义（Arianism）历史时，一性论的幽灵再次闪现在他头脑之中，他发现阿里乌主义与一性论并无二致。以此反观教会的历史，他做出了这样一种判断，当时英国安立甘教会的立场非常接近阿利乌争论中的半阿利乌立场，"绝对的阿里乌主义就是新教，半阿里乌主义就是安立甘"；因此，"安立甘教会的'中庸之道'并不是真理，真理在罗马一边。"[92]

3、任命耶路撒冷主教事件

而这一时期纽曼遭受的第三重打击则是来自耶路撒冷主教任命事件（Jersulem Bishopric affair）。事情的起因是当时要在耶路撒冷设置一名英国——普鲁士的新教主教，这位主教将由英国和普鲁士轮流提名，由英国主教祝圣，管辖在巴勒斯坦地区的英国和德国的新教徒。与罗马教会和东部教会都脱离了关系的英国教会，竟如此随便地与新教异端建立联系，这是纽曼和其他的书册派所不能接受的，也使得纽曼更加相信英国教会不是使徒的教会。可以说，这一事件"最终击碎了"纽曼对于英国安立甘教会的信仰，他后来将之称之为是"结束的开始"。[93]也即是说，他离开安立甘教会已只是一个时间问题，"就我与安立甘教会的关系而言，可以说我已经是卧于死床（death-bed），现在只是一个程度问题了"。[94]

---

92 Apo., p. 235.
93 Apo., p. 241.
94 Apo., p.245.

（三）转皈罗马天主教

1842 年纽曼退居特利尔莫尔（Littlemore），退居特利尔莫尔的纽曼再次为怀疑主义所深深折磨，他渴望"标准"；但是寻找"标准"的过程是艰苦的，"标准是一个点的过程，而怀疑则是一个过程；我仍然没有接近标准。"[95]这一时期，纽曼全力以赴写作《论基督宗教教义发展》，[96]1845 年纽曼终于出版了这样一本地位可与达尔文进化论著作相媲美但主题却是教义理论的经典之作。而对于纽曼本人而言，也正是这本著作的写作使他找到了"标准"，为他最终转皈天主教铺平了道路。

纽曼正式转皈天主教，时间是在 1845 年 10 月 9 日，在特利尔莫尔，从多米尼克·巴伯瑞（Dominic Barberi），一位意大利的苦修会修士那里接受了洗礼。后来，他在《自辩书》中这样表达自己皈依后的心情："就像经历惊涛骇浪终于驶进了港湾。"[97]

纽曼脱离英国国教会后，书册派失去了他们的领导人和灵魂的领路人，牛津运动也将就此止住。尽管在 19 世纪中期和以后的时间里，在皮由兹的领导下，书册派转向对宗教礼仪的研究；但是这些发展，离开了基布尔、纽曼和皮由兹的共同努力，是无法理解的。[98]

（四）良知与生命的皈依

如上，纽曼作为牛津运动的领军人物在 1845 年转皈罗马天主教成为标志性事件，它意味着激荡思想界 13 年的牛津运动以一种戏剧化的形式宣告结束，因为其初衷是要复兴英国国教会，但结果却是走向了"罗马化"。那么，究竟应该如何看待纽曼 1845 年的皈依呢？研究者有两派观点：一派以尹科（Ian Ker）为代表，他著有《纽曼传记》(John Henry Newman: A Biography, Notre Dame: University of Notre Dame, 1990.)，其基本的认识是纽曼早年的一切都是为后来成为天主教徒做的准备，或者说，天主教信仰从一开始就存在于纽

95　Apo., p. 215.

96　这一时期，纽曼在特利尔莫尔过着禁欲苦修的生活，每日的生活主要是祈祷、默省、读书和写作，其时还要承受着来自外面的自由主义者、福音派以及牛津运动反对者的种种指责和攻击。纽曼让他的弟子们去写关于英国圣人生活的传记，而他自己则以大部分精力去写《论基督宗教教义发展》一书。

97　Apo., p. 238.

98　[英]J.C.利文斯顿著：《现代基督教思想》，何光沪译，四川人民出版社，1992 年，第 281 页。

曼的信仰世界之中。另一派以特纳（Frank M.Turne）为代表，他著有《晚近代的欧洲人纽曼：对于福音信仰的挑战》，特纳认为纽曼皈依天主教的原因在于，"支撑他的向往天主教的个人社交网络太过脆弱了。"[99]因此，选择天主教会实在是纽曼的无奈之举。前者过分强调纽曼转皈的主观性，以此容易得出在纽曼时代人们的一些看法，即纽曼实际上是潜藏在安立甘教会内的"罗马分子"，实际上就是罗马教会的"内奸"。后者则过分强调纽曼转皈的客观性，认为纽曼皈依罗马实际上是，他在安立甘教会内已无立足之地的一种无奈选择。但上述两种观点都失之偏颇，而且也都与事实不符，因为前者无法解释纽曼安立甘时期的反罗马的立场，后者无法解释纽曼在转皈罗马后在罗马教会长期遭受的窘境。

因此，对于纽曼皈依罗马天主教的动机还应该有新的认识。其实，这可以从纽曼在牛津运动前，在他地中海之旅[100]中的一首诗"慈光导航"中觅到问题的答案。纽曼的皈依看似是"神意"召唤的结果，但实际上却是他良知不断寻求真理的必然。

这就涉及到两个问题。首先，良知皈依的结构问题。龚德义在论述"青春期宗教情感之发展"时，提出了宗教情操的三要素说，即"知、情、意"三个方面。[101]以此类比，知、情、意同样也可以作为良知的基本结构。真正的皈依应该是内在的知、情、意与外在的行四个方面的有机统一。其次，良

---

99 Frank M.Turner,*Late Modern European John Henry Newman：The Challenge to Evangelical Religion*（New Haven：Yale University Press,2002），p.263.

100 1832 年 12 月，纽曼与赫里尔·弗鲁德，因后者的健康原因，一起进行了一次南欧之旅。他们乘坐的赫尔墨斯大邮轮，他们参观了直布罗陀、马耳他和爱奥尼亚群岛，随后是西西里岛、那不勒斯和罗马，在那儿纽曼邂逅了尼古拉斯·怀斯曼。在回国后他写的一封信中，他这样来形容罗马"世界上最了不起的地方"，但是罗马的天主教则是"多神崇拜的，丢脸的和偶像崇拜的"。

纽曼一生中大部分短诗就是在这次旅行中写就的，在旅行结束一年后在《使徒之光》(Lyra Apostolica）刊登。从罗马，而不是与四月份回国弗鲁德一道，纽曼一个人返回了西西里岛，在莱昂福泰他因胃病或伤寒症而病倒了。但是他又恢复了，因为他相信天主仍要他回英国去做他光荣天主的事情，"我还要回英国做一件事情"，纽曼在病痛中仿佛听到来自神意的召唤，而纽曼要做的这一件大事就是即将在英国拉开序幕的"牛津运动"。因此，后来纽曼将此视为是他第三次幸运的生病。在 1833 年 6 月，他乘一艘橙身离开巴勒莫去马赛，这船在博尼法修港因风阻隔，在那儿，他写了一首诗，《慈光导航》，后来成为一首广为流传的圣诗。

101 龚德义著：《宗教心理学》，上海书店出版，1990 年，第 155 页。

知寻求真理是一个不断扬弃、自我超越的过程。虽然存在诸多的"忽然皈依"、"神恩皈依"，但也存在很多的"渐进式"皈依。皈依的发生和过程是一"建构"的过程，既包括了皈依者内在精神世界的自动过程，也包括了皈依者对于外部世界的能动过程。皈依的发生和过程就是皈依者的自我建构与被超自然实在和历史所建构的过程的统一。

纽曼在一篇题为《突然皈依》[102]的讲道词中，曾经以圣保禄宗徒的皈依为例子，区分了三种不同的皈依，第一种是为"思想的冲动，强烈的兴奋，或强力的说服"而实现的皈依，这种皈依是一种被动的、轻率的皈依；第二种是因不断追求"新奇的信仰和敬拜"而实现的一种皈依，这种皈依经不住时间的考验，很快就会蜕变；第三种是"不仅仅是因为观点的转变，还有心的转变"而实现的皈依，这是一个很漫长的过程，"经常不是连贯的，而是零零散散的，会随外部条件或其它环境的变化而向前"，但是无论如何，这种变化仍然忠实于皈依者的"记忆"，与皈依者的灵魂同在。纽曼在此所讲的第三中皈依恰好表达了他转皈天主教的心路历程。尽管他的转皈因外部的政治因素而激发，但是更根本性的还是他内在心灵的转化，这种转化来自于他的阅读，他的交往，他的灵修，他的转皈正是他与人、与自己与上帝进行"心与心的交谈"的结果。

1845 年纽曼在经历长久的心灵煎熬之后，最终加入了天主教会，这是纽曼在理智上皈依天主教的标志，是纽曼在组织上加入天主教会的开始。但是，这并不意味着纽曼皈依的最终完成，而只是他皈依的一个新的起点。纽曼的皈依属于生命的皈依，包含了他在知、情、意、行四个方面的全面综合性的皈依。其中的"知"是指他的皈依属于"理智皈依"，即是说他的皈依是建立在他的信仰反思、神学探索的基础之上，他的理智皈依始于他对于早期教会阿里乌主义异端的历史研究，成于他的"教义发展"的理论构建和历史考察，而他从哲学上确立道德确然性的认识论基础则标志他的理智皈依最终瓜熟蒂落。其中的"情"和"意"则依其"知"而行，他在理智上为天主教做的种种辩护，他在理智上向以信仰为归向的真理的开放和追求，不仅体现了他对于天主教会的忠诚，也体现了他对于良知和真理的服膺，而后者则是在更高层面的深"情"厚"意"。其中的"行"不仅包括了他在精神理智领域内的护教，还体现为其以宗教道德重振教会陈纲，以宗教道德力挽陷于自由主义思

102　P.S.,vol.8.

潮日益世俗化的大学教育，另外还体现为他的灵修，体现在他对于神秘主义的体察与践行方面。

但同时需要指出的是，皈依天主教后，纽曼的身份与神学思想也会经常受罗马的猜忌，在诸如平信徒的地位、宗教教育以及"教宗无谬误"等问题上，他都有自己的意见，虽然他也不断协调自己与罗马教廷之间的立场，但还是与后者之间存在一定的紧张关系。这就更加凸显了纽曼皈依的复杂性、难解性，对此，2010 年底，教宗本笃十六在致纽曼枢机主教研讨会的信函可以为此提供一种答案。教宗肯定纽曼是由两项原则来带领的，其中之一是"圣德比平安更重要"，即是说，纽曼的皈依不仅仅是要寻求一个避风港，而是要追求信仰的真理，追求个人的最终得救。正如纽曼本人所言"有一种真理；而且只有一种真理；……追求真理并不是要去掉好奇；……获得真理根本不会因发现的兴奋而停止；我们的精神趋向真理，所以它不是要凌驾于真理之上，不是要停留在论述真理的层面上，而是要敬畏真理"。另一条重要原则是，"成长是生命唯一的表达"。这项原则充分表达了纽曼枢机"不断地悔改，转化和内在成长"的志向，这也体现在纽曼枢机的一句名言中："在地球上生活就是改变，达到全德是许多转化的结果。"

四、皈依罗马天主教前后的启示理解

（一）《论基督宗教教义发展》中的启示理解

1、缘起

1816 年纽曼皈依加尔文福音派后，他相信教义就是基督信义的清晰表达形式，启示就是神圣真理的"显露"，说到底它不过就是一些理智真理或教义的汇编。在皈依安立甘——天主教后，他开始接受"可见教会"的观念，逐渐承认可见教会以及与之相关的圣礼也是基督信义的有机组成部分。圣经、早期教会以及英国教会都可以为之提供证明。[103] 换言之，基督宗教启示的真正保有者是圣经、使徒传统和古代教父作家。以此为标准，纽曼认为基督新教"忽视"了上述方面，"缩减"了基督宗教的基本教义，而罗马天主教则"败坏"了基督信仰，人为"添加"了一些教义。相反，只有英国的安立甘教会才代表了真正的基督启示与信仰，不存在缩减和添加的现象。之所以如此，是因为英国安立甘教会遵行了"中庸之道"，秉行了"圣味增爵法则"。在牛

---

103 Apo.,p.49.

津运动初期，在教义理解方面，纽曼的主要工作就是以 17 世纪安立甘教会谨守的"中庸之道"以反对当时安立甘滑向新教的自由主义的做法。也是在此过程中，他开始阅读大量的古代教父作家的作品，通过对古代教父作家和早期教会尤其是 4-5 世纪教会史的研究，他发现，即使在早期教会中关于最初教会的一些基本教义，如三位一体和基督论等，也存在正统与异端之间的神学争论，也并不是如圣味增爵法则所要求的那样，教义在各时、各地为所有人接受。这样，一个关键性的问题就摆在了纽曼面前：怎样看待基督宗教启示、教义在历史中的发展？1845 年纽曼写作《论基督宗教教义发展》的目的就是为了寻求这一问题的答案。

2、内容

《论基督宗教教义发展》分两大部分，第一部分包括第一-五章内容，为原则的提出；第二部分，包括第六-十二章，为原则的应用。在第一部分，纽曼在第一章论述的主题是"观念的发展"，具体从观念的发展过程和观念的发展类型两个方面进行论述；第二章论述的主题是"古代关于基督宗教教义发展的观点"，纽曼论述的顺序为：第一节"期望中的教义发展"，主要论证教义发展的必然性；第二节"期待发展中的那种一贯正确的权威"，主要论证了教义发展的特质；第三节"教义的现在发展——那种预期的或然实现"，主要论证天主教会是教义发展的真正代表。第三章论述的主题是"从历史的角度看现存的发展"，该章属于方法论的内容。纽曼分别交代了"论证的方式"和"论据的状态"。第四章论述的主题是"涉及的主要例子"，该章是纽曼对于本书论述范围的框定。第五章论述的主题是"真正的发展与败坏的发展"，这是本书的精髓，是纽曼这部著作的主要目的。该章具体提出了区分教义的真正发展与堕落的七个标准。本书第二部分，就是运用第五章的教义发展的标准对第四章列举的那些例子的具体运用。

3、启示理解

基督宗教启示不仅是指圣经中的基督事件以及各种见证，同时也指向透过圣经所表达出来的基督宗教观念和教义。上帝在历史中无时不在向人说话，启示自己，历史成为上帝启示发生的地点与载体。因此，作为基督宗教观念和教义的启示在历史中，必然会受到不同的文化、传统与宗教等具体历史因素的影响。这样，面对不同的时代与环境，基督宗教教义必然会存在一个发展的问题，正是在与其他各种外在与内在观念冲突、碰撞、对话、交流的过程中，基督宗教的教义得到了发展，换言之，基督宗教的启示得以不断彰显。可以看出，纽曼对启示的理解与经院哲学家完全不同，后者是要将启示建立在形而上学的基础之上，但纽曼却是注意启示在历史中的处境与表达。与经院哲学家相比，纽曼以其对古代教会史的熟稔，在启示理解中引入了历史意识，突破了安立甘教会和天主教会所固守的圣昧增爵法则，获得了基督宗教启示理解的新认识。

但纽曼在《论基督宗教教义发展》中关于启示与教义理解的意义远不止于此。因为纽曼所要解决的根本问题不是基督宗教启示与教义的历史发展问题，准确而言，是要如何看待基督宗教启示与教义的历史发展问题。之所以如此，是因为对纽曼以及基督宗教而言，最根本的一个前提在于，基督宗教作为一种信仰真理的启示及其教义表达，是不可以"与时俱进"的，发展并不是变化；如果启示与教义是外界变化之结果的话，那就不是启示了。这样，如何看待基督宗教教义在历史中的发展不仅是一个认识和立场问题，同时也是一个技术性问题。为此，纽曼提出了衡量教义发展健康与否的七项原则或标准，这样就比较成功地解决了基督宗教启示、教义发展与其真理宣称一致性的问题。

另外，论及基督宗教启示与教义的历史发展，必然涉及到圣经与圣传与教会训导的关系问题。纽曼经历了由福音派到安立甘高教派的皈依，在写作《论基督宗教教义发展》时，也处于皈依罗马天主教的门槛。在此过程中乃至皈依罗马天主教后，他始终都坚持全部启示都在圣经中；但所不同者，与福音派时期相比，高教派时期的纽曼在坚持圣经启示的同时也接受传统作为启示传统的方式。与高教派早期相比，1845 年的纽曼在坚持圣经、传统作为启示传承方式的同时，也对教会训导在启示中的地位进行了一定的肯定。在《论基督宗教教义发展》中，纽曼强调教会的权威，即教会的"无谬误"性，教会通过利用自己的训导权来制定和捍卫教义；如果没有这种外在的、无谬误的权威的存在，那么启示根本上就没法被给予。[104]需要说明的是，纽曼在此并非是要强调罗马天主教会的权威与无谬误性，因为讨论教会的无谬误问题必然牵涉到另外一个更为具体的问题，即教宗首席权以及后来的"教宗无谬误"问题，这显然是皈依天主教之前的纽曼不可能认可的一些教义。只是在后来皈依天主教后，纽曼才逐渐对圣经、圣传与圣训之间的关系形成完整的认识。

---

104 Dev.,pp.88-9.

（二）《自辩书》中的启示理解

1、缘起

（1）纽曼皈依罗马天主教后的灰暗岁月

从一八四五年改宗到一八六四这二十年间，纽曼在天主教中的地位始终十分暗晦。一八五二年他被委任为在筹建中的爱尔兰天主教大学校长，并开始他那有名的关于大学教育理论的专题演讲，但人事方面给他的阻力甚多，他不得不在一八五六年辞职。翌年，他在友人的敦促下，从事新的英译圣经的翻译工作，但这工作又因未能获得主教们的赞助，功亏一篑。一八五八年他建议在牛津设一天主教会分堂，亦为曼宁（Manning）主教所反对。一八六〇年他主编一份天主教刊物《随笔》，其言论不为教廷所嘉纳，被迫辞职。这一连串的打击对纽曼确是极度难堪的，也证明罗马当局对他还没有充分的认识。一直到一八六四年他的名著《自辩书》发表后，他对罗马教会的重要性才开始为教廷方面所认识。

（2）回应金斯利的指责

从 1862 年纽曼就开始准备书写自传和其它的回忆录，为自己的一生做个交代。机会来了，在 1864 年 2 月，查尔斯·金斯利（Charles Kingsley）在审查詹姆斯·安东尼·弗劳德（James Anthony Froude）的《麦克米兰杂志中的英国历史》（*History of England* in *Macmillan's Magazine*）时，顺便提到："纽曼告诉我们真理只追求它自身的真理而不是别的真理，整体而言是这样的，代表了一种天主教神职的价值观"。[105]金斯利实际上是对于纽曼皈依天主教的动机提出质疑，指责纽曼的行为是不诚实的行为。爱德华·罗斯·巴德利（Edward Lowth Badeley），在亚契理案件（Achilli tria）[106]后一直就是纽曼亲

---

105 Apo.,p.6.

106 1851 年，纽曼在伦敦奥拉托做了一系列关于"今天应归天主教教会的立场"的演讲。但在当时却没有引起出版人的注意，演讲详细分析了新教所坚持的传统的天主教观点。在其中第十五部分，他强烈反对了反对天主教的古亚琴托·亚契理的言论，一位为多明我会除名的会士，纽曼列举了他诸多的不道德的行为。

当时，一般的新教徒的感情很高涨，部分原因是由于《普世教会》训令的颁布和教宗碧岳九世对于主教等级制的建立。1852 年，纽曼在"亚契理案件"被指控为自由主义，结果作出有利于亚契理的判决。纽曼被判为有罪，被罚款 100 英镑，但是同时他辩护的费用高达 14，000 英镑。这项费用由公众捐款赞助，他用多余的部分在利基山的瑞当（Rednal）买了一块地，建了一座小教堂和一块墓地，纽曼后来去世就葬在那里。

密的顾问，他鼓励纽曼进行一次坚决的回击。在进过一些交锋后，纽曼出版了一个小册子，《金斯利先生与纽曼博士：对于纽曼教导真理是否具有价值问题的一次通信》(*Mr Kingsley and Dr Newman: a Correspondence on the Question whether Dr Newman teaches that Truth is no Virtue*)（1864）。

2、内容

随后，也是在巴德利的催促下，纽曼以双月刊的形式陆续出版了他的《自辩书》，这是一部发自内心的信仰自传。纽曼在 1865 年出版了《自辩书》的修订本。

（1）关注精神生活的传记

与其说它是一部关注作者的个人生活的作品，毋宁说它更是一部关注作者精神生活的作品。在此意义上讲，它与圣奥斯定的《忏悔录》不同，而更接近《真理的力量》，该书的作者就是纽曼早期的启蒙导师，由自由主义转向加尔文主义的多玛斯·司各特。《自辩书》是一部理智的——甚至也可以说是一部神学传记。它不是靠争辩去说服别人，书中大多数地方都是极力避免那种就事论事、反复举证的辩解方式，而是以雄辩的说理取代枯燥的事实列举，为自己生命的一致性进行辩护。这部作品为纽曼在文坛上赢得了声誉，奠定了其在英国文学史上的杰出地位。后来纽曼研究专家尹科对这部自传有这样一段评论：

> 它的力量在于作者在处理攻击时的出奇的平静，清澈透明的叙述风格，实际上，这一切都源于作者内在的自信。[107]

（2）"信仰观念的历史"

《自辩书》的笔调改变了人们对于它的作者的看法，通过解释而非辩论纽曼赢得了读者对他皈依天主教动机的信任。这本自传并没有斤斤计较金斯利对于天主教神职的指控；他只是在附录中对此一笔带过，坚持英国的天主教神职像英国的世俗人一样诚实。《自辩书》的大部分内容是关于纽曼的"信仰观念的历史"(*"History of my Religious Opinions"*)，"我不过是要通过理智的思考和外在的坦诚表达方式梳理出我的观念的历史而已。"[108]因此，《自辩书》并不同于一般的传记作品，"将之（《自辩书》）称为传记，甚至称为是信仰传记，那是对它的一种误读。"

---

107 Ian Ker, *John Henry Newman: A Biography* (1988)，pp.548-549.
108 Apo.,p.30.

3、启示理解

从基督宗教启示的作者与对象而言，它既包括了上帝向人启示的内容与方式，同时也应该包括人对启示的理解与把握，没有人的回应的上帝的启示是没有意义的启示。对于前者，主要是经院神学家们讨论的中心，上帝启示本身何以可能、怎样传达等客观性方面是他们关注的重点；对于后者，即启示的主观性方面，经院神学家虽然也有所讨论，阿奎那神哲学就认为真理就是"心灵与事物的一致性"，但是其讨论仍属于经院神学的形而上学，并没有进入到"个体"之中去。纽曼对启示的理解更为侧重于启示的主观性方面，启示不是抽象的教条、教义，它必然是与个体的人相关联并寻求个体的理解，讨论启示不能离开个体的信仰，因此理解必须要考察启示在个体中发生的条件以及在个体信仰生命中的融入。总之，上帝启示不仅仅是上帝在历史中由上而下的自我传达，人由下而上接纳启示也应该是启示的应有之义。

在《自辩书》中，纽曼基本上没有关于自己的家庭、求学经历和牧职、教学经历的历史性记录，其特点在于它是一部关于纽曼自己信仰观念演变的自传，理智与基督宗教观念是这部著作的核心所在，从中可以看到纽曼理智皈依的经历，在此意义上讲，他的皈依正是"信仰寻求理解"的结果。纽曼皈依罗马天主教对其理智面临的最大问题就是如何接受罗马教会的一些如化质说、教会无谬误论、炼狱论等基本教义，如果以为信仰罗马天主教就是要不加思考地接受这些教义，那么就不会存在理智和良知问题了。但纽曼并不是简单地接受罗马教会的教义，而是将之置于个人理智之中考虑。在他看来，权威并不意味着剥夺理性的合法地位，相反，权威也应该为个人自由留有一席之地；另一方面，个人自由也应该尊重教会权威，这样才会防止理性的滥用。总之，理性与权威在根本上并不是相互冲突，而是恰恰在它们表面的冲突中相互受益。以此而论，既要反对那种极端的教宗至上论，同时也要反对个人绝对的自由主义，应该为良知在教会中寻求栖息之地。

固然，理智在纽曼皈依中具有举足轻重的地位，是他理解和接受基督宗教观念与上帝启示的一个重要前提和途径。但另一方面，纽曼也对想象的地位与作用进行了肯定，在皈依和信仰中，想象、经验与理性共同作用促进了对上帝启示的理解。《自辩书》所要追求的不仅仅是事实的真，更是内在信仰的真，对此，纽曼也承认这是一部"想象的作品"："对于书信而言，我并不介意其应该是表达事实的，无论好与坏，都属于作者的个性的内容。但是对于回忆录而言，我则认为多少应该是想象的作品，是对于事实的一种总结，多少应该是理论性的和非传记性的。而且大部分生活的内容都被叠加了、杜撰了，因此他们应该对偶然事件有兴趣，以形成连续性的叙述，成为一个整体。"[109]

意大利法学史家和哲学家埃米里奥·贝蒂（Emilio Betti，1890-1968）著有《作为精神科学一般方法论的诠释学》，提出了三种解释类型：第一、"重新认识的"（recognitive）解释，试图表明"事情本来真是怎样"；第二、"重新创造的"（reproductive）解释；第三、"规范的应用"（normative application）。[110]以此来考察纽曼的《自辩书》，可以说，就其文本与历史的关系而言，文本是对其皈依经验的历史回溯，因此可以称之为一种"重新认识"的解释。从文本的基本精神和文本的几经修整而言，又是纽曼对于其皈依经验的升华和超越，其中还包含了其在 1845 年以后新的信仰经验，因此可以称之为是一种"重新创造的"解释。从文本关注的教义发展和信仰真理问题而言，从纽曼自觉的天主教角色的护教立场而言，又可以称之为是一种"规范的应用"。而且，这三种解释有着内在的逻辑关联，其"重新认识的"的解释是对于皈依经验的归纳，其"重新创造的"解释是对于皈依经验的丰富，而其"规范的应用"则是其皈依经验的抽象。总之，在纽曼的《自辩书》中，其新旧信仰经验通过想象实现了很大程度的"视域融合"，从而使其信仰经验成为了贝蒂所说的"富有意义的形式"（Sinnhaltige Formen），至此，基督宗教的观念、教义与启示最终内化为纽曼后来在《赞同的法则》中所提出的"第一原则"。

《自辩书》作为一部想象的自传，归根结底是纽曼个人经验、理性与想象的结晶，在其信仰与启示理解中，这部著作的特殊性在于它提出并生动展示了信仰、想象与启示三者之间的互动关系。信仰实际上就是对启示的真正的认可，要获得真正认可，仅仅凭借理性是不够的，它还需要以信仰者个体经验为基础，通过信仰的想象而得以实现。当然这也并不意味着对上帝恩宠的否定，只是说，上帝的恩宠只有得到人的回应才最终得以圆满，而人的回应仍然离不开信仰的想象。总之，在《自辩书》中，纽曼是从信仰的想象出发来思考启示理解中理性与信仰的关系问题，但是信仰的想象究竟如何运作

---

109 Henry Tristram,ed.,*John Henry Newman:Autobiographical Witings*（1956）,23（Newman to Ambrose St.John,1.vi.874）

110 洪汉鼎：《诠释学——它的历史和当代发展》，人民出版社，2001 年，第 266 页。

以及它在哲学上的认识论的基础何在，则是纽曼后来在《赞同的法则》所要进一步讨论的问题。

（三）《赞同的法则》中的启示理解

1、缘起

《赞同的法则》发表于 1870 年，是纽曼的一部经典哲学著作。纽曼写作《赞同的法则》的目的在于证明，不仅仅是对上帝的信仰，而且对一个具体宗教信条的接受也是一种完全理性的行为。他直面的问题是：宗教信仰如何才能被合理化，假如其论据看起来不足以使人们完全投入到信仰当中？也即是说，"在缺乏证据的情形下，如何保证理性推理的结论是无误的。"[111]他试图表明，坚守一个信条本身就是合理的，即使没有证据能够证明它所包含的条款。

这样，纽曼就提出了一个一般性哲学问题：在没有充分证据或论证的情况下，同意一个命题是否往往是错误的？洛克认定，没有任何命题能够比为建立在其上的证据所证实的命题更为可靠。但是，问题是洛克无法保证命题或假设本身的真理性。因此作为对洛克的回应，纽曼指出下列事实，即我们内心中最牢不可破的信念往往超出了我们能够为之提供的微薄证据之上。例如我们都相信大不列颠是一个岛屿；然而究竟有多少人周游过它，或者说有多少人见过周游过它的人呢？假如我们曾经拒绝在没有充分证据的前提下认可过某种命题，那么这个世界将不再运行，科学本身也不能取得进步。

可以说，这本书发展了其最初在圣玛丽教堂的大学布道中提出的认识论思想。《赞同的法则》一书基本的假设是，绝大多数真理都是通过运用逻辑分析根本无法相比的理性方式，通过标准（certitude）获得的。天主教的神学家一直是这样认为的，甚至在确定道德的确然性时也是如此，认为道德的确然性就是一系列或然性的堆积。但是这种做法显然缺乏认认识论的基础，而纽曼的《赞同的法则》的工作就是要为之建立认识论基础，使之避免陷入偏见和蒙昧。

2、内容

《赞同的法则》分为两部分，第一部分是"赞同与把握"（*Assent and*

111　*"On the Certainty of Faith"*,in the Birmingham Oratory Archive，file B.9II,p,I.,转引自 Newman's Distincation Between Inference and Assent,Eric Steinberg,Rd.Stud.23.

Apprehension）。在这一部分，纽曼要论证的问题是，采用个体的，运用想象力的方式去接受教义是可能的，即使对于超越理性不能完全把握的有关"神秘"的真理也是如此。这本书的第二部分是"赞同与推论"（*Assent and Inference*），在这一部分，纽曼要论证的是我们如何理性地审断这种个体和想象力的粘合，即我们通过运用经验就可以宣称无条件的上帝存在，而不必去通过严格的推理去得出上帝存在的结论。

3、启示理解

在写作《赞同的法则》时，其实纽曼所要面对的仍然是自康德以来的现代哲学的一个重要命题，即主体性问题（subjectivity），他所要做的工作就是在宗教信仰（religious belief）的幅度内考察这一问题。在牛津时期，纽曼坚守教义原则，他认为真理具有客观实在性并可以为人所把握。但是，另一方面，对于信仰而言，纽曼认为理性只是获取真理的一个部分，另外获取真理还需要个体发现自己完全地被卷入进去（engaged）。[112]换言之，启示与主体之间不是单向的输出，而是需要彼此间的互动。对于启示真理，主体不是简单的理性或情感赞同，而是需要主体的参与，需要主体的"全心、全灵、全力、全意"。当然，在此纽曼并不是出于布道的目的，而是要对这种主体参与启示理解的活动的认识论基础进行发掘。

早在《牛津讲道集》中，纽曼就曾表达过人经由良知获得上帝经验的思想，也就是说，良知是联系人与上帝及其启示之间的纽带。纽曼将良知视为普遍的人类精神现象，正是良知的存在为上帝启示的普遍性敞开了大门。无论贤愚，皆有良知，都有接受上帝启示的可能，这正是与一般护教士相比纽曼的特殊性所在，他所辩护的并非是神学家、哲学家的上帝，而是也包括平信徒在内的所有基督徒认识上帝的合法性。在神学家与平信徒的良知内都具有"第一原则"，正是凭借第一原则，他们才获得启示真理。第一原则还只是主体理解上帝启示的潜在条件，它的外在表现或发动就是"推断感"，主体只有通过推断感才能获得对上帝启示的"真实的赞同"。无论第一原则还是推断感，它们所针对的都是具体的个体而非抽象的整体，因而这种把握与赞同建立在有限经验和证据之上。而且，推断感是主体内在的心智活动，其中包括"外显理性"，但也包括以信仰的想象为核心的"内含理性"。对于如

---

112 T.R.Wright, *John Henry Newman:A Man for our Time?*（Grevatt & Grevatt, 1983），
　　p.44.

上帝启示这类宗教信仰命题，依靠外显理性的"形式推论"，结果只能获得
"概念的赞同"，只有运用推断感，通过信仰的想象这种"非形式推论"才
能获得对上帝启示的"真实的赞同"。换言之，对上帝启示的真实赞同不必
建立在充分的证据，严密的逻辑推理之上，上帝启示的认识论基础就在于第
一原则和推断感。对很多启示命题，根据逻辑推论无法充分得到充分的论证，
但通过推断感就可以弥补这种不足，进而获得赞同这些启示命题的"标准"。
进言之，即使在一个理性主义、怀疑主义和科学实证主义对基督宗教形成严
峻挑战的时代，基督信仰和上帝启示仍然可以得到理性的辩护，获得自己在
现代知识中的地位。

（四）《大学的理念》中的启示理解

1、缘起

　　1851 年 4 月，纽曼受当时爱尔兰库伦大主教的邀请着手创办一所爱尔兰
天主教大学，同时根据主教的建议，他也开始准备"几篇关于教育的演讲"。
从 1852 年 5 月 10 日开始，他在差不多一个月的时间内在都柏林共发表了五
次演讲，同年以《大学教育的范围与本质》为名出版，这成为后来《大学的
理念》一书的神学部分内容。1854 年 6 月 4 日，纽曼正式被罗马教廷任命为
都柏林大学校长，学校于同年秋天正式招生开办。1854 年 11 月 9 日，纽曼发
表他的就职演讲"大学课程中的艺术教育"。由于在办学理念等诸方面与爱尔
兰主教团有重大分歧，纽曼被迫于 1858 年 11 月 4 日辞去校长职务。尽管纽曼
经办都柏林大学不能算是成功，但是在任职的四年内，他发表了一些列关于
大学教育的演讲，1859 年以《大学学科演讲论文集》出版。1873 年，纽曼将
《大学教育的范围与本质》和《大学学科演讲论文集》编成一册出版，即为
《大学的理念》的最初由来。

2、内容

　　《大学的理念》分为两个部分。第一部分主要收录他在 1852 年出版的演
讲集，当时主要也是应库伦主教的要求，主要阐述教育与宗教的关系问题。
这一部分包括九章内容，其中纽曼从教育哲学的角度阐述了大学的定义，对
大学教育的目的、原则、目标、形式等问题进行了精辟的探讨。第二部分主
要收录 1859 年出版的演讲和论文集，主要根据第一部分大学的理念与原则，
对大学中的具体学科及其关系进行具体的阐述。

3、启示理解

毫无疑问,《大学的理念》属于大学教育的经典之作,它对现代大学教育思想以及知识观都具有深远的影响力。但另一方面,毋庸讳言,《大学的理念》收录的纽曼的各种演讲其中心内容还是在于教育与宗教的关系问题,具体而言,就是如何看待大学中的神学教育及其与其他诸学科的关系。针对当时功利主义的教育观和神学在大学中被边缘化的处境,纽曼首先指出,知识的本质在于它是"自身的目的",进而他又将大学定义为教授"普遍知识"的场所,大学教育的理想就是"博雅教育"或"自由教育"。据此,神学与自然科学以及人文科学一样属于普遍知识,在大学中应该有其合理的地位。神学与自然科学有各自的界限,但也存在一定的交叉,而且更为重要的是,它们所追求的都是来自启示的终极真理,只是所采取的方法不尽相同,在表征真理方面,两者并不抵牾。从中可以看出,纽曼在《大学的理念》中对于启示的理解具有很大的开放性,他是在启示与科学以及知识的对话关系中来理解启示内涵的。换言之,启示与科学以及启示与教育的关系就构成了纽曼启示理解的外延;纽曼所理解的启示并非是封闭的基督宗教启示,而是可以开展与现代知识和文化教育进行对谈的启示。而且这种对谈并非是被动适应的结果,而是出于上帝启示的内在要求,因为上帝启示同时向神圣和世俗两个方向展开。故而,启示并非是神学研究和教会的专利,它也有其他的载体和知识表达形式,其中就包括了大学教育和现代科学。正是由于对启示具有这样一种宽阔的视野,所以纽曼才会对进化论采取了一种较为宽容和理性的态度,也可以说,他的知识观和教育观与他的启示理解并行不悖、相得无间。

(五)其他著作中的启示理解

皈依罗马天主教后,纽曼所要面对的一个现实问题是,如何协调自己安立甘时期的教义/启示理解与现在身处罗马教会内的教义/启示理解。为此,他重新修订了安立甘时期的一些著作,也有关于罗马教会教义个人理解方面的著作与书信出版,这些著作和书信主要包括:《安立甘教会的困境》(1850),《中庸之道》(2卷,1883)和《致诺福克公爵的一封信》(1875)。其中前两部著作讨论的核心问题是启示与传统的关系,而《致诺福克公爵的一封信》要讨论的则是个人良知与教宗权威的关系问题。

总之,1845年纽曼皈罗马天主教,这成为他人生的分水岭,也标志着他对启示的理解日趋成熟起来。安立甘——天主教时期,纽曼在其著作和讲道中基本勾勒出启示的两个维度，即启示通过外在的历史与内在的良知展现自己。皈依罗马天主教前后，纽曼的理解更为深入与系统。在《论基督宗教教义发展》中，他进一步阐述了在历史中教义/启示的发展问题。在《赞同的法则》中，他则从信仰认识论的角度阐述了启示何以在个体中的可能性、合法性问题。在《大学的理念》中，他又阐述了启示的外延，即启示与科学以及教育的关系问题。

本章小结

　　本章主要讨论纽曼的三次信仰皈依与他在这三个不同人生阶段的启示理解。1815 年纽曼皈依安立甘福音派，这一时期，由于接受加尔文福音派选民论与人的堕落的教义，他认为上帝的启示仅对悔改的基督徒开放，上帝不会向异教徒启示自己。1820s 纽曼皈依安立甘——天主教派，这一时期他对启示的基本理解在于，启示即是上帝在历史中的自我传达，在不同宗教和文化传统中存在一般启示，自然宗教中良知的存在可以印证上帝启示的这种普遍性。1845 年纽曼皈依罗马天主教，这一时期他关注的重点问题是启示与发展，启示与理性，为此，他提出了著名的教义发展理论，探讨了信仰认识论。纽曼一生信仰经历了由道德——理智——良知与生命皈依三个阶段；另一方面，纽曼的启示理解总是与他不同阶段的教派背景直接有关，但又体现了前后的一致性。这种一致性不仅体现为不同阶段启示理解所涉及的基本主题，而且更体现为他对这些主题研究的逐渐深入，从安立甘到罗马天主教，纽曼的启示理解先后经历了起始、形成和成熟三个阶段。

第二章　启示与宗教

第一节　关于启示

一、"启示"的含义

英语"启示"（revelation）一词来自于拉丁词汇 revelare，本意是"揭开遮盖"。Revelare 的希腊语表达是 apokalypsis，其字面含义是"无遮盖的"或"裸露摆放的"。因此，从严格意义上而言，"启示"一词并不是一个宗教词汇。当人们将至今未知的知识表达为已知的知识时，都可以称之为是"启示"的行为。所以，这种启示概念完全属于人们的经验范畴，可以运用于人类知识的所有领域。启示的概念成为一个宗教的概念，成为一个为神学所独有的概念只是很近代的一种现象，最初的目的是为了回应启蒙运动的挑战。启蒙运动认为，只有符合现代经验科学的知识才是有效的知识，神学家们为了反对启蒙运动的这种认识，从而提出了与之相对立的"启示"之概念。

与一般神学家对启示概念的理解不同，纽曼对这一概念具有更为广义的理解。毫无疑问，纽曼承认基督宗教的启示包含了那些至今仍然未知的信仰真理。但另一方面，他也主张天主的自我传达，天主通过自己的自我传达为人们接受福音作预备。纽曼对于启示的广义理解与他对"自然宗教"（natural religion）的理解密切相关，也正是在此基础之上，他做出了"普遍启示"与"特殊启示"的区分。

二、启示的分类

启示有不同的分类方式，一种分类是将启示划分为自然启示与超自然启示，另一种分类是将启示划分为普遍启示与特殊启示。

自然启示与超自然启示。严格而言，一切启示都是超自然的，因为在神学家看来，一切启示都是来自于神，但是由于神启示自己的方法上略有不同，所以便有了自然启示与超自然启示的说法。自然启示是藉着自然现象（也包括人的体质在内）所传达给人的启示。这种启示并无明文记录，而是在宇宙中的事实上具体表现出来，人们通过阅读自然这本大书来获得关于神的知识。超自然启示是神直接干涉历史中的事件，以神迹的形式来彰显自己的存在和对人世的救赎计划。这种启示是口述和见诸事实的启示，圣经就是这种启示中最重要的表达形式。

普遍启示与特殊启示。简单地讲，普遍启示是天主在所有时间、所有地点将关乎祂自己的信息向所有人所做的传达。这一启示就以下两个方面内容而言是普遍的：它具有普遍可获得性，亦即它可以被所有人、在所有时间获得；它的内容具有普遍性，亦即与特殊启示相比，它既不是那么特殊，也不是那么具体。具体而言，普遍启示是指天主通过自然界、人类历史与人的内心所做的自我彰显。也就是说，普遍启示的方式有三种：自然界、历史以及人性（humanity）。由此，普遍启示在神学中便有了三种不同的表达，即探讨自然与启示之关系的自然神学，探讨历史与启示之关系的历史神学，以及探讨人性尤其是人的良知与启示之关系的心智神学。特殊启示则是天主在特定的时间、向特定的人所做的特殊传达和彰显。特殊启示的基本特点在于它的位格性、人本性与类比性。它的传达方式主要有：历史事件、天主的话语和天主的道成肉身。从宗教学意义上而言，普遍启示是指神的启示在历史上各宗教中的表达，而特殊启示则仅仅是指神的启示在基督宗教内的表达与圆满。

三、启示的传承

基督宗教各教派对于启示传承的理解有很大的分歧，分歧主要来自对圣经、圣传与圣训在启示中不同地位的理解。基督新教基本上只承认圣经在启示传承中的权威地位，即马丁·路德所讲的"唯独圣经"。英国安立甘教派则是在承认圣经绝对权威的前提下，也承认古代教会的传统，但却反对将圣训作为启示传承的方式。罗马天主教会肯定圣经、圣传与圣训都是启示传承的方式，不仅如此，还认为三者是一个有机的整体。但这种理解也经历了一个历史的过程。在特利腾大公会议时，对于圣经与圣传的关系的界定比较模糊，容易让人误解为是两种分别独立的启示传承方式。直到梵蒂冈第二次大公会议对之才有了明确的定义，认为圣经和圣传"两者都由同一神泉流出，好似汇成一道江河，朝着同一目标流去"。圣经、圣传以及教会的训导权，"彼此相辅相成，三者缺一不可"，并且"按各自的方式"传达启示的救赎信息。[1]

第二节　普遍启示与自然宗教

一、自然神学与自然神论

（一）自然神学的发展：由理性神学到自然神论

从传统的观点而言，基督宗教神学有两种表现形式，即自然神学与启示神学。在奥斯定主义传统中，这两种神学分别植根于"普遍启示"与"特殊启示"之中，因此，自然神学与普遍启示紧密相关。对于何为自然神学，詹姆士·利奇蒙德（James Richmond）曾对之下过一个比较全面的定义："自然神学是对作为一个整体的世界的看法所进行的理性的构想，它透过现象领域而达到终极实在的领域，达到作为世界之唯一解释的神圣秩序的领域，否则经验世界便晦涩难懂，令人迷惑，面目不清。"[2]这一定义包括三个基本的内容：首先，自然神学是研究"终极实在"的神学，对于基督宗教而言，就是要研究上帝的存在及其性质。其次，自然神学是通过研究"经验世界"或"自然"来获得关于终极实在的知识，也就是说，经验与超验，自然与超自然之间存在一定的类比关系；对于基督宗教而言，自然神学的一项重要任务就是研究上帝与人世的关系问题。最后，自然神学所运用的主要的手段、方法和保证是理性，理性与信仰的关系问题是自然神学必然讨论的问题。也正是在此意义上，中世纪的多玛斯直接将自然神学称之为"理性神学"，"基督教哲学"的概念正是在此意义上使用的。总之，所谓自然神学就是利用理性去探究上帝的存在与本质和属性及其与宇宙万物和人类关系的神学。其中上帝存在的证明是自然神学的核心问题，其他问题都以之为前提和基础。

1　梵二文献：《天主的启示教义宪章》（DV），no.9-10.

2　[英]詹姆士·利奇蒙德著：《神学与形而上学》，朱代强、孙善玲译，四川人民出版社，1997年，第3页。

自然神学或理性神学在基督宗教神学中具有古老的发展历史，从教父时代起，教父作家如克莱蒙、奥利金、奥斯定等就利用理性为工具，为基督信仰的知识地位进行辩护，到中世纪，自然神学在多玛斯·阿奎那那里发展到巅峰，尤其是他以自然神学为依据，提出了上帝存在的"五路证明"，构建了庞大精致的经院哲学体系。

在向近代过渡时期，在英国出现了将英国的经验论与近代科学发展结合起来的"自然神论"（Deism）。自然神论在纽曼的时代发展势头仍然猛健，这一称谓来自佩里（William Paley）的书《自然神学：神的存在与属性》（1802）。自然神论者虽然并不否认造物主的存在，但认为这位造物主在完成祂的创世工程之后，就不再干预这个世界的运转了，那维系这一世界秩序的是"第二因"。另外，自然神论者倡导一种自然的理性宗教，他们不承认特殊的启示、奇迹、超自然的预言、神意照管、道成肉身、肉身复活等传统基督宗教的教义和信仰。

是否可以将自然神论视为是自然神学的一种近代形式呢？答案是肯定的。尽管有学者认为，两者在目标和涉及范围上都有巨大的差异，含义并不相同，所以不应该将自然神论视为自然神学。[3]但是，这是从严格意义上而言，或者是从自然神学的古典意义而言是这样的。但是从广义的角度而言，仍可以将自然神论视为自然神学的近代发展形式。理由是，如同中世纪的理性神学一样，自然神论同样承认自然与超自然的类比关系，也都强调运用哲学的理性方法去论证上帝的存在，这都符合自然神学的基本内涵和要求。换言之，至纽曼生活的时代，自然神学大致经历了由理性神学到自然神论的嬗变过程。

（二）纽曼对理性神学的意见

理性神学对于基督宗教神学而言具有非同寻常的意义，尤其是关于上帝存在的证明方面，更显其独到的贡献。一般而言，关于上帝存在的证明有三种经典方式，分别是本体论证明，宇宙论证明和道德论证明。本体论证明是从上帝是"最高存在者"的概念本身推断出上帝存在的论证，因为概念是存在的抽象与反映，主要代表人物有安瑟伦和笛卡尔。宇宙论证明也称为是目的论证明，是从自然的秩序和合目的性推断出上帝存在的论证，包括中世纪多玛斯的理性神学以及近代的自然神论都是遵循这种论证进路。道德论证明

---

3 瞿志宏：《阿奎那自然神学研究》，人民出版社，2007 年，第 23 页。

主要由近代康德开创，他根据道德实践理性的需要，将上帝的存在立为一种"公设"。

纽曼对传统的天主存在的证明并无多少兴趣，原因在于他对传统天主存在证明的有效性表示怀疑。在他看来，这些证明所获得的都是一种观念中的天主，而不是基督徒信仰的天主。尽管哲学家可以通过自己的证明，从有限的存在中推出第一因，第一推动者，宇宙秩序之后的宰制者，但这样一些结论与基督徒的信仰有什么意义呢？对于纽曼而言，这些证明并无多少说服力。欲要证明天主存在，需要另辟蹊径。

在纽曼看来，哲学并不等同于神学，哲学家的上帝也不等同于宗教信仰者的上帝，他反对那种所谓的"哲学宗教"。纽曼反对所谓"哲学宗教"的理由主要有二：其一，哲学宗教不是人的自然本性全面发展，而只是人的理智片面发展的结果；其二，哲学宗教虽然能满足人的道德需求，但却剔除了"恐惧"的原则。[4]这种宗教的理想是造就绅士，它将良知降格为"道德的品位"，而实际上，在良知中还含有"恐惧"的原则，这一原则就是罪的观念，那种"哲学宗教"只能是造成盲目的道德乐观主义。

事实上，纽曼对通过纯粹的理性或哲学手段来为信仰寻求保证的做法一直持一种怀疑、否定的态度。早在牛津时期，纽曼就反对奥利尔学院标榜纯粹理智的"诺伊底派"，他将之视为是宗教"自由主义"的渊薮。在《大学讲章》中，纽曼认为理性有自己的界限，不可以随便僭越进入信仰的领地。后来，在《赞同的法则》中，他又区分了"形式的推断"与"非形式的推断"，认为通过前者只能获得"观念的认同"，只有通过后者或"推断感"才能获得"真实的认可"。在这里，纽曼实际上是对理性神学以概念、假设为前提的论证进行了否定，他的目的是要从个体生命的角度重新审视基督信仰，为其知识地位确立认识论的基础。

（三）纽曼对自然神论的意见

在总体上，纽曼对自然神论持一种否定的态度，认为自然神论所进行的设计论论证贬低了上帝的概念，实际上是将上帝与上帝的杰作混淆在了一起，是一种"形下神学"，宣扬的是一种"假的福音"，最终只能导致泛神论和无神论。在纽曼看来，自然神论之所以失败，主要在于以下几个方面：

4　Idea.,191-6.

首先，对"自然"概念本身理解失之片面。自然神论者所理解的自然概念主要是指物理的自然世界，这种神学是一种片面的神学，只能称之为是"物理神学"。在纽曼看来，自然不仅包括物理世界，同时还应包括人和社会，所以自然这一概念应该有更为丰富的内涵，应该将人性这一要素考虑在内。对于纽曼而言，在人的自然本性中，有一个叫做良知的本质因素，应该将良知也作为论证天主存在的起点，而不是如自然神论者那样仅仅关注狭义的自然。

其次，自然神论的上帝并不是宗教信仰者的上帝。这是纽曼反对自然神论的核心所在。像其他的反自然神论者一样，纽曼也对自然神论者佩利的设计论提出了自己的意见。佩利有一个著名的比喻：宇宙就是天主设计精密的一块手表。纽曼并不同意这种比喻和设计论的观点：首先，手表虽是比喻，但毕竟是人的智慧的产物，以此来比喻广大、完美的自然显然不太对称。其次，设计本身是一个有限的概念，以这种有限的概念去说明天主的无限当然也不恰当；即使承认天主的设计，那也应该承认天主会在人的意识中放入情感，祂所设计的并不是一个冰冷无情的世界，祂也不应该是一位没有人格的主宰者。[5]纽曼认为，这种设计论的论证方式只能导致怀疑而不是信仰。相反，纽曼认为，如果天主真的存在的话，那祂一定会对人发生作用，而不是一位对人漠不关心的局外人。纽曼曾这样表达自己理想中的上帝观，同时也是对自然神论的批判性超越，他这样写道："它（关乎上帝的神学）讲授了一个无限的存在，然而又是人格的；祂是自足的，然而又是活动的；祂与受造物绝对分离，然而每时每刻都存在于受造物的每个部分中；祂在一切之上，又在一切之下。"[6]那么，沟通人与上帝的桥梁是什么呢？纽曼认为，那就是人的良知，人在良知经验中，就可以直接感受到天主对人的触动。

最后，自然神论误用了自然科学的方法。自然神学的重要方法是归纳法，这主要来自于培根的方法论。纽曼承认培根的方法是一种"高贵"的方法，但是如果将之运用于神学领域，可能就会出问题，就可能会出现神学与科学无法呼应、相互匹配的情形。其结果就如钥匙弄断在本不属于它的锁眼里，毁掉了根本放不进去的榫槽。纽曼的的依据就是神学与科学有各自的研究方法，对于神学而言，就是演绎法，而不是科学的归纳法，也正是在此意义上，

---

5 P.N.,ii:p.60.
6 [英]纽曼著:《大学的理念》，高师宁等译，贵州教育出版者，2003年，第77页。

他才说："设计论证在任何意义上都不能归功于培根的哲学。"[7]但这样并不是说纽曼在实际上就反对自然神论的归纳法，事实上，纽曼是主张要对自然论者这种方法进行修正，应该建立一种不仅包括对自然现象同时还应包括对圣经和教会历史进行归纳的"归纳神学"。

客观而论，纽曼并非绝对的自然神论否定者，他自己也承认自己是一直在坚持自然神学。[8]上述纽曼对自然神论"自然"概念、上帝观以及归纳法也并不是整个推翻，而是试图对之进行改造与完善。这从他对反自然神论者巴特勒主教思想的理解中，也可以得到充分的体现。纽曼承认，巴特勒有两项原则对自己产生过深刻的影响，分别是"圣礼性原则"和"或然性原则"。也正是通过对这两项原则的解读，纽曼将自然神论重新拉回到基督信仰的轨道上来，克服了其内在的不信倾向。

"圣礼性原则"是对自然神学类比方法的超越。类比方法是自然神论的基本方法，但其基本的出发点和立足点是自然宇宙，由自然宇宙去类比上帝的存在。现在纽曼要做的就是，要对之进行逆转，自然的类比应该以上帝的存在为前提，他这样写道："第一条是你应该从启示宗教的角度对自然宗教缺少确定性的方面做出解释，也就是说你应该将启示宗教的圣礼体系作为通向自然宗教的关键，要将物质现象视为是可以被有目的地转化，实际上也正在转化的精神的影响。"[9]自然和启示之间存在类比，只能由后者来解释前者而不是相反。据此，有形的教会、牧师、圣礼，圣经的形象和象征，教父们的教导，都可以理解为是对这个可见世界的启示，都是上帝创造的秩序，都指向超越它们自身的创造者本身。

圣经和自然出于同一位创造者，自然神论的证据只能得出"或然性"的结论。自然神论者试图通过科学证据来得出上帝存在的结论，但在巴特勒看来，科学的证据不足以为上帝存在提供保证，关于宇宙结构的理解，摆在自然神论者面前的证据与早期希腊人相比并没有多大的进步；而且更为重要的是，那些由于圣经存在不可理解的诸如奇迹等因素而否认圣经的真理性的自然神论者，同样可以通过类比的方法在自然中发现更多的困难因素，在自然界中存在着与圣经中同样多甚至更多的疑难之处和缺陷，自然宗教的证据和

---

7 [英]纽曼著:《大学的理念》，高师宁等译，贵州教育出版者，2003年，第258页。

8 [英]纽曼著:《大学的理念》，高师宁等译，贵州教育出版者，2003年，第92页。

9 Richard H. Hutton，Cardinal Newman, p.19.

启示宗教的证据一样只能导致或然性的结论。而实际上，圣经和自然出于同一位创造者，两者之间存在同构性："如果在那由启示而知晓的神造万物的系统与由经验和推理而知道的神造万物的系统（即已经被知晓的自然进程）之间存在一种类比关系或相似性的话，那么就可以推断出两者拥有同一位创造者和相同的来源。至少足以回应那些虽承认后者出自上帝之手，却反对从与后者的任何类比或相似的地方推出前者也出自上帝之手的反对意见。"[10]总之，依照培根的观点，上帝启示给人两本书，分别是自然和圣经，自然神论只注意到了自然而忽视了圣经，在阅读自然这本书的同时，还应该去阅读圣经这本大书，否则只能像自然神论一样，得出错误的信仰结论，与其初衷南辕北辙，不仅没有为上帝存在提供证明，反而站到了敌基督教的一方。

二、历史与天主的普遍启示

对于现代的宗教哲学家而言，在一般意义上讨论启示与历史的关系，尤其是启示与诸宗教及其历史的关系，似乎并没有太大的障碍，他们可以主张各宗教的真理宣称都具有合法性，"万流归宗"，各种宗教或哲学都必然指向那个"终极实在"、"超自然实存"等之类的称谓。但对于基督宗教的神学家而言，在考量启示与诸宗教及其历史的关系问题时，不仅要涉及到理性真理的"真"，还要涉及到救赎真理的"真"，即要看基督宗教的启示是否对其他的宗教具有救赎的价值与意义，由此也就产生了排他论、兼容论、多元论等宗教对话的模式。

基督宗教与其他宗教的对话，不仅是一个现实问题，也是一个历史问题，后一问题关涉基督宗教与史前文明时期的"自然宗教"，以及历史上的犹太教、印度教、古波斯宗教、古埃及宗教等古老宗教和文化传统的关系。这一问题实质上就是要探讨上帝启示的普遍性与历史表达。一般认为，宗教学的创立以 1870 年缪勒《宗教学导论》发表为标志，宗教学的创立是以 19 世纪中叶达尔文的进化论的提出以及随之而来的考古学、人类学、民族学的发展为基础的，如缪勒、泰勒等都曾对东方古老宗教或原始的自然宗教进行过专门研究。早期的宗教学家在研究自然宗教时，或是基于圣典，或是基于宗教人类学的调查，他们宗教研究中的进化论意识就对宗教天启论提出了严重的挑战。

---

10 [英]约瑟夫·巴特勒著：《自然宗教与启示宗教之类比》，闻骏译，武汉大学出版社，2008 年，第 4 页。

这一时期，施米特神父曾提出过"原始启示说"，认为即使未开化的原始人同样承受上帝的启示，即使在文化层次上最原始、最古老的种族也都信仰至上神。施米特的目的是反对宗教进化论，为基督宗教进行辩护。毫无疑问，19世纪初期的纽曼对宗教学的发展不会有什么了解，也没有进行过宗教人类学的调查，但是他却能够从基督宗教的历史神学出发，论述了天主启示的普遍性及其历史表达，并对自然宗教与天主启示的关系提出了自己的洞见。他关于自然宗教的思想，的确值得关注和研究。

（一）天主自我启示的历史性与普遍性

纽曼相信天主对人类历史非常重视，祂在向人类自我传达自己时，不会否定人作为历史和社会存在的本性。换言之，天主向人发言使用的一定是人能够听得懂的语言，但有时祂的传达也并不是一种直接传达，而是会隔着一层面纱向人言说：

> 祂会积极展开自己的工作，必然以一些常见的方式、方法临在于国家和个人中间……我们可以通过我们的那些物理的、社会的和道德的经验感知到祂的工作……而且，还有那种特殊的神意，与上述那些可见的方法相比，这是天主的一种隐秘的工作，但也配合那些可见的方法。这有形可见的世界就是就是那不可见的世界的工具，尽管两者之间还隔着一层面纱。[11]

纽曼这段话有两个理解值得关注：首先，天主的启示是具体的、历史的启示，祂在历史中传达自己，历史就是祂向人言说的场所，因此祂的启示不是抽象的理论与观念，而是在与人的对谈中，有着丰富的历史内容。其次，天主的启示是普遍的启示，整个世界都是祂言说的对象，这样就将基督宗教之外的异教徒及其宗教、文化与传统包括了进来。

事实上，纽曼神学思想的一项根本性原则即在于，坚持上帝自我传达在历史中的实现，承认天主自我传达的历史性和处境化特征，"所有的知识都来自于祂（上帝）"，"从没有一个时期是上帝不向人言说，告诉人们应该承担一定的责任的时期。"这种表达，就表明人与天主之间具有一种生动的关系，这种关系借助故事、神话、礼仪、灵性和道德实践等形式表现出来。

---

11 Ess., II：p.192.

1、天主的启示是一件普遍性的礼物

而且，上述那种生动的天人关系并不仅仅局限于基督宗教之内，在纽曼看来，也存在于异教徒的传统之中。事实上，纽曼对异教徒的传统采取了比较开放的态度，在《自辩书》中，他曾谈到自己发现古代的亚历山大教会就曾持有下面一种观点，即，"异教徒的文学、哲学和神话实际上就是……福音的预备。"[12]在《论四世纪的阿里乌主义者》中，他也曾说，异教徒持有很多信仰，也是真理的表达，尽管属于那种模糊的、不确定的真理，而且从根本上讲，这些真理也都是来自天主。[13]纽曼认为，"异教徒的神圣传统"，"一切的宗教知识"都来自于天主，并不是只有圣经传达给人们的知识来自天主。在纽曼看来，天主无时不在向人说话，而且是向所有的人类族群和文化传统说话，所以他才会这样写道："启示，正确地讲，是一种普遍性的，而非地方性的礼物。"[14]

2、天主的救恩也向历史中的异教徒们开放

纽曼认为异教徒传统蕴含丰富的"自然宗教"的内容，但纽曼所强调的并非是异教徒的哲学和教义内容，而是其具体的历史传统与实践。所以，尽管纽曼从古代教父作家那里获益良多，但却没有像他们一样关注希腊哲学中的逻各斯的概念，纽曼所关注的是异教徒的历史传统。正因为如此，所以纽曼才认定，天主正是通过礼仪和风俗来在异教徒中来开展自己的救赎计划的。在《大学的理念》中，他这样写道：

> 祂会根据自己的意愿，在适当的时机，进入到那些不信、迷信和错误的敬拜之中，祂会以祂大能的手改变那些行为的性质。……祂在巴朗的诅咒中发声，在女巫的岩洞中高举了撒慕尔，通过漆巴的喉舌做出默西亚的预言……通过不信者之手进行洗礼。[15]

实际上，早在 1832 年，纽曼就曾表达过这种思想，他认为天主的救恩同时也临在于其他宗教之中，天主通过运用非基督宗教的实践形式来开展祂的救赎工程，纽曼这样写道："（天主）可以不通过基督宗教的圣礼就可以保持我们的不朽，就如同在古代祂曾保佑过亚巴郎等古代圣人一样。"[16]

---

12 Apo.,p.27.
13 Ari., pp.80-2.
14 Ari., pp.79-80.
15 Idea.,pp.65-6.
16 P.S.,i:p.335.

3、历史中异教徒的哲学与宗教也具有一定的真理，基督宗教可与它们并行不悖

正因为纽曼乐意将人类具体的宗教历史与天主紧密相连，所以他才承认基督宗教的许多特征其实是与非基督宗教的思想与实践是并行不悖的。纽曼认为天主的启示并非是横空出世，而首先是对既有的历史资源和传统的运用，"当神意发出一个启示时，它并不是要另起炉灶，而是要运用既有的体系……所以，启示的重要特征在于增加、替代。"[17]纽曼进一步指出，基督宗教的很多信仰真理和教义都可以在非基督宗教传统中找到对应的表达，"例如，圣三教义可以同时在东方和西方的宗教文化传统中发现；洗礼和奉献的做法等等，同样如此。圣道的教义是柏拉图式的表达；道成肉身的教义是印度式的表达；千年王国的信仰是犹太式的表达，等等，不一而足"。[18]对此，一些传统的神学家会反驳说，"这些都是异教徒的做法和信仰，所以不属于基督宗教"，纽曼这样回应：

> 相反，我们更乐意说，'因为它们存在于基督宗教内，所以才不是异教徒的'。也就是说，我们更乐意承认，圣经也允许我们这样承认，即，从起初，世界的道德宰制者在广阔的地域内播下了真理的种子；只是有的种子成长在贫瘠的土地上，人们也疏于管理，所以便长成了野草，尽管如此，但它们仍保持了旺盛的生命力；再如，那些较低级的动物，虽然没有人一样的灵魂，但在它们中，仍有无形的原则。所以，异教徒的哲学和宗教，也具有一定的真理理念，也具有生命的力量，尽管并不能直接将它们称之为是属圣的……。[19]

所以与那些强调启示的单一性、整体性的神学主张不一样，纽曼认为神圣教导实际上具有多样性，通过不同的方式得以传达，因而是复杂的、进步的和自我完善的。[20]

（二）基督宗教在历史中对异教徒哲学与宗教的吸纳与超越

既然天主的启示在历史中与其他宗教中也有表达，祂的救恩也向异教徒开放，这就表明在其他宗教中也部分包含了信仰的真理，对此，基督宗教显

---

17 Ess.,ii:pp.194-5.
18 Dev.,p.380.
19 Ess.,ii:pp.231-2.
20 Ess.,ii:p.233.

然不可以忽视。纽曼在《论基督宗教教义发展》中，曾指出基督宗教具有在不牺牲自身信仰真理的前提下吸纳其他宗教传统理念与实践的能力。他认为，所有的宗教都拥有"同样重大和广泛的主题"，基督宗教从一开始就受到其他宗教的礼仪、膜拜和哲学的影响，与基督宗教一样，这些宗教也都思考过同样的问题，倡导过同样的真理，而且也具有同样的外在形式。[21]对于纽曼而言，基督宗教与其他宗教的根本区别在于，它会参考一切来自天主的真理与启示。尽管在两千多年的历史中，基督宗教与其他宗教一直存在着"冲突与矛盾"，但福音最终却成功地在净化、吸纳、转化、内化了各种各样的信仰、敬拜形式、道德律令和学说的同时，自己仍然屹立不动，仍保持了自己信仰的独特性。纽曼不由得赞叹，它的确是天主的恩宠，真理的化身。[22]

在历史发展中，基督宗教并未一味唯我独尊，而是不断对其他的哲学与宗教进行积极的吸纳，所以会发现早期教会会将斯多葛派思想与柏拉图的观念融入到圣若望福音之中去。而且在此过程中，它能坚持自己信仰的独特性，在历史的变化与文化的多元中，并没有迷失自己的身份，没有陷入"混合主义"的泥潭。

（三）纽曼天主启示普遍性思想的意义与影响

纽曼关于天主启示的普遍性以及天主救恩可以向异教徒敞开的论述对于后来的天主教具有重要的影响。在梵二会议之前，天主教会一直坚持"教会之外无救恩"的立场，这种情形直到梵二会议召开才得以改变。其中梵二会议制定的《教会宪章》就指出教会是"全人类彼此团结的记号和工具"，切愿"基督之光""照耀到每一个人"。这就表明天主的启示向包括非基督徒在内的所有民族、种群的开放。在《教会对非基督宗教态度宣言》中，如同纽曼对其他宗教的态度一样，公会议明确表示天主教会"绝不摈弃这些宗教里的真的圣的因素"，愿意同其他宗教的信徒进行"交谈"与"合作"。另外，从现代两位天主教神学家拉纳尔和孔汉斯的神学思想也可以扑捉到纽曼思想的影子。拉纳尔也认为天主的启示与恩宠并不总是采取直接、公开的方式，有时也会采取间接、隐秘的方式而体现在所有的宗教之中，在此基础上，他提出了"匿名的基督宗教"和"匿名的基督徒"之说。另外一位神学家孔汉斯

---

21 Dev.,p.355.
22 Dev.,p.357.

比拉纳尔走得更远，他对印度教、佛教以及儒家等东方宗教推崇有加，甚至认为儒家思想是可以与基督宗教并驾齐驱的独立性宗教。[23]

显然，纽曼在历史与启示关系上对于非基督宗教神圣价值的肯定，对于促进宗教之间的共处、对话与交流具有重要意义。但是，需要指出的是，并不能因此就认为纽曼是一位宗教对话中的多元论者，他承认其他宗教的目的，并不是要去描绘一条五彩缤纷的"信仰的彩虹"，纽曼的着眼点在于论述基督宗教教义发展是历史性与启示性的统一，其他宗教为基督宗教教义仅仅提供了一种可供借鉴的资源，但它们终究是天主的普遍启示，而非特殊启示，启示仅仅在后一种意义上才是圆满的，普遍启示在其他宗教中的历史表达只是为福音准备了道路。根据现代宗教对话理论，纽曼的立场基本可以划入"兼容论"的立场，这种立场固然没有放弃本己宗教作为信仰真理的最高权威的地位，但与"排他论"相比，无疑还是具有很大的宽容性的。

三、良知与自然宗教

"良知"的概念在纽曼的生命和思想中具有极为重要的地位，是其始终关注的一个神学命题，他在《赞同的法则》、《卡利斯特》以及《致诺福克公爵公开信》中都曾论及这一命题。对于纽曼而言，良知是他信仰上帝的一种创造性的原则，是他能够意识到绝对宰制者和判断沉思自己祈祷和敬拜的基础，是个人的一种判断，是一种内在的光。纽曼对"良知"的最经典的认识是："（良知是）内在的光，由上帝给予……试图在我们内设立一个正确和真理的标准；告诉我们在每一非常时刻我们的责任，知道我们罪的细节，让我们对摆在我们面前的一切作出判断，从卑鄙中分辨出高尚，使我们免陷于逸乐，使我们远离理性的怀疑主义。"

（一）纽曼良知说的理论渊源

1、良知概念及其在圣经和神学中的诠释

"良知"一词可追溯到希腊语 Syneidesis，其含义是"与知"或"共知"。Synendesis 的拉丁译法是 Conscientia，含义与 Synendesis 类似。现代英语中的 Conscience 和 Consciousness 的词源都是 Conscientia，分别翻译为"良心"、"知觉"，因此综合二者，Conscientia 可以译为"良知"。

---

23 Hans Kung and Julia Ching, *Christianity and Chinese Religion*（London : SCM Press, 1988）,xi-xii.

一般来说旧约对于良知的论述相当有限，良知在旧约中只出现一次（智17：11）。新约中福音书和基督并未提及该词，但是基督曾就遮蔽良心的问题警告过人们（玛6：23）；该词在新约其他作品中共出现30次，尤其是保罗融合当时的概念以及希腊词汇将良知视为基督徒道德信心的核心。

希腊哲学把良知看成是"道德判断中的自我意识"，而不把良知局限于对与错的抽象知识上。中世纪的神学家们对于良知的理解一般可以分为两个派别，第一是唯意志主义，主要代表有圣奥斯定、方济各派和圣波纳文图拉。其中圣奥斯定认为，良知是上帝和人进行爱的交谈的地方，是上帝的声音。而圣波纳文图拉和中世纪的神秘主义者则认为良知的内在基础在于"灵魂的火花"（Scintilla Animae）。第二是唯理主义，代表人物是圣多玛斯，圣多玛斯是将良知纳入反省批判的伦理神学的第一人，他认为良知实质上是一种理性的习惯，他对良知的定义就是："一个人根据上帝对他的判断来对自己进行判断。"

综合基督宗教神学家们对于良知的认识，这一概念基本上涉及两个层面的含义。第一个层面涉及一定的普遍性的道德原则；第二个层面则涉及这种原则在具体中的应用。当代基督宗教伦理学家白舍客曾这样定义良知："良心（良知——笔者）是人的一种本能，这种本能对人宣示他的伦理责任和义务并敦促人完成这些责任与义务……它向人显示了他的终极召叫是什么及天主所给予他的个人责任有哪些，这种本能也帮助人们意识到这些责任及召叫的绝对性与约束力"。[24]可以说，这一定义基本上涵括了良知概念的双层含义，既肯定了良知与神圣实在的密切关联性，同时也肯定了良知的自主和自由。因此，良知既涉及"纯粹理性"，也关乎"实践理性"；良知即是"宾词"，同时也是"主词"。

2、加尔文教派关于良知的教义

宗教改革者非常强调良知。路德在沃尔姆斯有一段著名的讲话："我的良心已被上帝的圣言所俘虏。我不能也不愿意取消任何声明，因为我以为违背良心既不妥也不诚实。望上帝助我！阿们！"同样在1530年的奥斯堡信条中，第20条有一句著名的话，是关于称义的教义的："这一教义完全与受惊扰的良心的冲突相关联（*illud cetamen per terrfactae conscientiae*），没有这样的冲突，就不可能理解这条教义。"

---

24 [德]白舍客著：《基督宗教伦理学》，静也等译，华东师范大学出版社，2007年，第220-1页。

良知意味着一个人知道自己站在上帝面前，服从上帝的话语，面对上帝的律法并受其审判，但如果是一个信徒，就会因为上帝的恩典而被称义和接纳。对于新教徒尤其是加尔文教徒而言，良心是上帝宣读他公正的判决的法庭。良心是唯一能使真正的信心、盼望、平安和喜乐生长的土壤。人类是按着上帝的形象创造的，而良心就是这个形象经过极大损毁后其中的一面。良心被上帝活泼有力的、洞悉一切的话语所覆盖，并且被他的圣灵所光照。因此，清教徒把良心称为"在我们里面的上帝的代言人和代管者"，"我们心中的密探"，"上帝用来逮捕罪人的警官"[25]。

3、巴特勒的良知观

18 世纪英国的巴特勒主教是近代良知概念的重要奠基者。他将良知视为是道德的基础。他认为良知是人性中的最高原则，属于人的内在本性，它同外部感觉一样真实可靠。良知作为最高的"反思性原则"，在道德评判中具有绝对的支配力，"良心（良知——笔者，下同）这种机能安放在我们心中，为的是要作管辖我们的正当的主宰，为的是去指导并调解一切下等的惰性、情欲及行为动机。这良心的权柄及职司，它的权威就是这样的神圣。无论人们为了他们不能别循他途获致他们的假想的利益，或为了他们不能别循他法满足的情欲，是如何地屡次背叛良心，倔强地拒绝顺从良心，但这并不能改变良心之自然权柄及职司。"[26]

正是从良知的绝对权威出发，巴特勒给德与恶的标准做出了规定。按照他的规定，"德性即寓于对于良心的遵从，而罪恶则寓于对于良心的乖离"。[27]据此，是否符合内在的良心原则就成为了判断行为善恶的唯一标准。人的本分就在于遵从良心的指导。对于良心的遵从，对于没有德行的人来说是限制和不自由；而对于有德行习惯的人而言，这种限制就变成了愉快的自由选择。按照他的思想，"应按人的本性生活"不是外在的要求，而是内在的良知的要求。人的道德自律的根据就在于良知。

（二）良知的三个维度

纽曼集中论述良知是在其《致诺福克公爵的一封信》中，其中主要讨论个人良知与教会权威的关系问题。事实上，良知问题是纽曼一直关注的一个

---

25 [英]钟马田著：《清教徒的脚踪》，梁素雅译，华夏出版社，2011 年，第 287 页。

26 周辅成主编：《西方伦理学名著选辑》（上卷），1987 年，第 828 页。

27 周辅成主编：《西方伦理学名著选辑》（上卷），1987 年，第 830 页。

问题，从他早期的讲道集到后来成熟时期的《赞同的法则》，都可以发现他对良知的讨论。纽曼在《信》中对于良知的关注，强调良知是作为天主所给予的一种对行为进行实际判断的能力。但纽曼对良知的理解并不限于上述方面，良知还有其他的一些维度。

根据奥斯定的思想，良知具有渴望（desire）的维度；根据亚里士多德关于实践智慧（phronesis）的认识，良知的第二个维度是辨识（discernment），由辨识而产生实际的判断；根据多玛斯的思想，良知的第三个维度是要求（demand），即根据判断而产生的行为决定。

1、良知对天主或超自然神圣实存的渴望

与奥斯定一样，纽曼相信基督徒的心灵只有停靠在天主内才会获得真正的平安。基督徒最深的渴望就是天主，对基督徒而言，祂就是真理、美善和爱。根据纽曼的理解，良知可以"带领心灵走进天主"，良知是"天主的召唤"，一种比这尘世更高的价值和存在会对人产生吸引力，使其不断超越自身的罪性而进入到天主的神性之中去。良知之所以对天主或超自然神圣实存满怀渴望，是因为后者可以提供一种值得信任的观念和知识。在实际的道德选择中，人往往将良知作为最后的道德选择的依据。对于纽曼而言，之所以如此，倒不是因为良知本身所具有的道德意义，而在于良知之上那位最高的道德裁判者。这位裁判者或者就是纽曼所讲的天主，会告诉人们什么是对与错，应该和不应该做什么，人的良知将其视为是最后和最高的诉求，祂印在人们良知中的各种观念、原则就是道德选择的根本标准和保证。

2、辨识是非

纽曼认为，良知在实际中的运作体现在两个方面，分别是辨识和要求，用纽曼自己的表述就是"道德感"和"责任感"。其中辨识指向自我的判断，而要求则指向这种判断的结果。纽曼认为，良知的辨识是一种自我主动判断的行为。他的这一理解与另外一个概念"推断感"紧密相关。对纽曼而言，推断感是个体对具体的推断能力，它是一种"活生生的思维"，这种思维是个性化的思维，是个体经验、想象、理性的一种综合思维能力。良知是"个体的向导"，良知经验的个体性、内在性与推断感思维并无二致，换言之，良知就是推断感在道德范畴内的运用。良知所遵循的原则，并不是来自于抽象的道德法则或理性原则，而是与具体的、特殊的境遇相关联。因此，纽曼的良知论就类似于亚里士多德的"实践智慧"，这种智慧可以引导、控制或决定个

人和社会的具体实际问题，纽曼认为，良知并不是要去决定任何假定的观念和价值，它只考虑具体与当下，"它的行为是为了当下，而不是未来"。[28]总之，良知辨别是非能力的基本特征在于个体对于具体责任与价值的辨别：此时、此地，我应该怎么做？

3、要求或义务

（1）良知存在的普遍性与权威性

良知在实际中运作的第二个方面是要求或义务，这是纽曼最为关注的一个方面。纽曼在《赞同的法则》"论信仰唯一的天主"一部分强调，良知是一种"权威的命令"，它可以对摆在人们面前的各种具体行为具有重要的影响力。在此，纽曼并不是将这种良知权威作为一种正确行为的法则使用，而是将之视为是一种正确行为的保证。一个人可能对道德哲学家讲的道德感并无多少了解，但他绝对会知道这世界上存在好的良知与坏的良知，良知会告诉他们善有善报恶有恶报这样一个最简单朴素的意念。事实上，良知具有普遍性，所有的人无论好人坏人心中都具有良知，良知对所有的人都会发出道德的命令，对此，任何人都无法逃避，这就是良知存在的普遍性与权威性，正如纽曼所言：

> 人自身不能高过它（良知），即使有高过它的，也极为困难；人不能制造良知，也不能破坏良知。即使他在一些特殊的时候会保持沉默，甚至会违背良知，但无论如何，他却不能将自己置良知于外，如果有的话，那也是极为特殊的情形。他可以不遵守它，可以拒绝它，但它仍是它，它仍在那儿。[29]

（2）良知的位格性：良知要求不以自身为目的

如上，良知要求并不是正确行为的准则，而是正确行为的保证。如果将之作为正确行为的准则，那么这种良知与道德哲学家讲的道德原则和义务就没有什么区别了。纽曼肯定不是这样来理解良知要求的，在他看来，良知要求并不以自身为目的，它指向一个更高的价值目标和存在。在此一点上，良知要求与艺术等美学讲的"口味"（taste）有本质区别，后者或者所谓的"美感"、"丑感"只是作为自身的证据而存在，它们并不追求超出美或丑之外的其他感觉，它们只将自身作为感知的目标。与所谓的"口味"不同，良知要

---

28 G.A.,pp.354-55.
29 O.S.,pp.64-5.

求并不停留于自身的范围之内，它还要追求那超越它自身的一些东西。在此过程中，良知可以隐约辨识出那超越它的东西为它做出决定可以提供一种更高的保证，这可以在那种强烈的道德义务感和责任感中得到证明，良知心甘情愿接受那来自更高的价值与存在的指令。所以准确讲，人在良知经验中，听到的并不是"良知之声"，而是"良知的回声"，是良知对于比它更高的价值和存在的回应。

（3）从良知的情感性看良知对于自我目的性的超越

良知义务与比它更高的价值与存在，或更准确而言，与更高的位格相联系，良知义务是否听从更高位格的指令与人的情感体验直接相关。当一个人陷于不道德的状态中时，他内心就会一种强烈的责任和愧疚感，尽管也许他的思想和行为并没有冒犯社会，他甚至完全可以找出一大堆自我开脱的理由，而且可能也没有什么证人会去指出他的过错，但他内心仍然会产生自责、羞愧、悲伤、失望等消极情绪，这就是那种"坏的良知"。相反，良知也可以在人内心激起积极的情绪，当人听从个人良知时，就会获得自我肯定、内在的平安以及内心充满阳光等等。良知的这种情感性表明，良知所面对的那个更高的位格一定是一位人格性的存在，良知与它的关系，就如同小孩子与大人或者两个朋友之间的关系，那个位格的存在既让人心怀敬畏，又令人为之向往。

（4）良知要求的位格性指向天主的存在

纽曼认为，造成人内心各种情绪的根由并不在于这个可见的世界，而是在于那个比良知更高的位格存在，它是一个超自然的神圣存在，为良知和道德立法并对之进行监督、赏罚。良知通过想象的作用，最终获得一位绝对主宰者的形象，这位主宰者就是良知的大法官、检察官，祂赏罚严明、秉持公平正义，宗教信仰的原则就是由祂而出。所以，良知就在世界与超自然神圣实存之间架起了一座桥梁，成为连接两者的纽带，对此，纽曼这样写道：

> 对于一个头脑而言……它是以良知为基础而形成的，这个世界，无论是自然还是人，所能做到的，都不过是对那位生动活泼的唯一天主的反思而已，对此，它（这个世界）在幼年时期就已经清楚地知道这一点了……所以，良知就是连接创造物与他的创造者的原则……。[30]

---

30 G.A.,pp.116-7.

纽曼的良知论强调道德义务，康德同样如此。但是在这种道德义务起源问题上两者却出现了分野。尽管康德也承认这种道德义务感确实具有外在于道德主体的特征，来自于一种具有绝对权威、不可回避的存在，但他却并不愿意承认这种存在就是基督宗教的天主，也正是在此一点上，他与纽曼有了本质的区别。对于康德而言，他更愿意从经验的世界来谈论道德问题，作为道德之形上基础的"天主存在"只是一个"公设"而已，并不具有实际的意义。

（三）良知与自然宗教的浮现

1、良知——宗教信仰的第一原则

对于纽曼而言，人类存在为了思考和达到他们的信仰标准，就必须要遵从他们的自然或精神构成。无论他们喜欢与否，都必须要将之作为第一原则接受。[31]

因为良知是人之自然本性必不可少的一个部分，所以良知必须应该得到遵行。[32]对于纽曼而言，良知就是人最基本的功能或本能。[33]它是"一种最初的原则"，[34]"一种在我们接受教育之前就已经植入我们心中的原则"。[35]

对于纽曼而言，良知是为人普遍接受的第一原则，这种原则由我们的本能或直觉中生出，所以就没有必要再去证明它的存在了。[36]对于它的存在问题，也有一些并非尽如人意的论证，例如从哲学的童年或原始人的自然信仰等去说明良知的存在。

对于纽曼而言，天主在良知中的出现是一个"自明"的事实，人在良知中接受天主是一件自然而然的事情，根本不需要任何先在的假设。如同我们从自己的感觉接受外在的世界一样，我们也很容易地从我们内在的良知经验中获得对天主存在的认可。[37]

纽曼在其著作中，有几种不同的说明天主存在的方式，但他最中意的方式还是从良知出发来论证天主的存在问题。实际上，纽曼也并不排斥通过形

---

31 Cf.L.D.xxvii,pp.259-60;G.A.,pp.347-8,399;Phil.N.ii,p.30.

32 Cf.G.A.,p.377;O.S.pp.60-75.

33 P.S.i,pp.216-20;GA.,pp.105,234;L.D.xviii,pp.334-5;U.S.p.183.

34 U.S.p.181.

35 Diff.ii,p.248.

36 G.A.,p.123.

37 Cf.Phil.N.ii,pp.49,63,67.

而上学或自然经验的角度来论证天主存在，但他认为，只有从良知出发的论证，才是最有力的论证。理由有三：

首先，它（良知）是适用于所有人最普遍的一种证据……从他们最早的孩童时期就已经验到这一点了。它是每个人灵魂中最坚固也是最柔弱的部分。它是现成的——它不需要学习——基督徒拥有它，异教徒也同样拥有它。

其次，它直接与实践结合在一起。它不是如设计论一样，由纯粹理智或理论推导出来的抽象真理。它可以直达事物根源，如同沉思一样，它也是宗教信仰实践的源泉。

最后，它能对那种假定的"哲学的罪"做出解释，进行驳斥。那种假设只会将天主指引或偿报的声音蜕变成为一种简单的道德品位。[38]

由上可以看出，纽曼所理解的良知是人类普遍的精神现象，良知不仅停留在一般道德的层面之上，通过它可以获得天主的形象和对天主存在的真正认可。因此，良知就是宗教信仰发生的第一原则，它包含了宗教信仰的一些基本原则，如理智、道德、神圣性等，所以，纽曼才认为，"我们宗教信仰内在的伟大导师就是……我们的良知"。[39]

2、良知与自然宗教的浮现

（1）我有良知，所以我存在

纽曼在其《哲学笔记》（*Philosophical Notebook*，1970）中，他曾思考过笛卡尔的"我思故我在"（cogito, ergo sum）。他这样写道："尽管很难完全列出包含在行为实际存在中的思维的最原始的那些条件，但很明显却可以指出其中的一些。这些条件不仅包括记忆、情感和理性，同时更包括良知"。[40]因此，对纽曼而言，"我思故我在"的真正含义就是"我感觉，所以我存在"（sentio ergo sum）或"我有良知，所以我存在"（conscientiam habeo, ergo sum）。

（2）良知的两个基本特征

对于纽曼而言，良知具有两个独立的但又不能截然分开的特征，他将之分别称为是"道德感"（moral sense）和"责任感"（sense of duty）。所谓"道德感"，即意识到"有一个正确和错误的分别"。所谓"责任感"是指，良知

---

38 Phi.N.ii,p.67;cf.G.A.,p.213.
39 G.A.,p.389.
40 Phi.N.,ii: p.43.

具有一种"强烈的义务和责任感"，换言之，行善避恶。[41]责任感则是一种无条件地趋善避恶的道德本能，它直接来自人的内在经验，是一种自发性的表现。正是这种责任感才使人走向天主，如果遵守它的话，最终就必然导向对天主的真正认可，宗教信仰得以实现。[42]

（3）由良知经验到天主的存在

纽曼进一步指出，这一责任感可以指向一个我们之外的人格存在。"无生命的东西不会激发我们的情感，只有在人格（或位格）的关系中，人的情感才会受到触动。"[43]纽曼的良知概念与人的情感、感情密不可分，在他看来，良知"常是令人动情的"，因此，有时他直接用"良知感情"来表达良知的概念。当人们为良知所感发时，就会产生喜悦或痛苦的内心感受，比如自我肯定与希望或者懊悔与恐惧等，而这些都会影响到人们的选择与行为。不仅如此，这种"良知感情"也具有深厚的神学意义，对此，纽曼这样写道："当我们违背良知的声音时，我们会感到羞耻和恐惧，也就是说，我们要对一个对象负责，否则我们就会害羞，那一对象发出的声音会让我们感到恐惧。当我们做错了时，我们就会伤心流泪，就像伤害了自己的母亲一样；当我们做对了时，我们内心就会获得平安和喜乐，就像得到父亲的表扬一样。"[44]这也就表明，"良知并不满足于自己，它还要隐约指向那超越它自身的事物。"[45]在良知经验中，可以经验到天主的人格化存在，经验到"一位审判的、神圣的、公义的、强有力的、全知的、偿报的绝对宰制者"。[46]良知为人心提供一个真实的天主形象。[47]在同一经验中，还可以发现灵魂的不朽，[48]可以预感到未来的生命以及今世行为可能在来世所受的惩罚。[49]这样一种经验过程，并不是一种正式的逻辑推理的结果，而是一种非正式的或自然推断的结果。一般而言，这一过程是一个不假思索的自发不自觉的过程，这种自然或非正式的推断过程可以使人获得对于天主存在一种真正的信仰认可。

---

41 G.A.,p.107.

42 Cf.P.S.viii,p.111;ii,p.160.

43 G.A.,p.109.

44 G.A.,p.110.

45 G.A.,p.107.

46 G.A.,pp.110,113,390.

47 G.A.,p.390.

48 G.A.,p.336.

49 U.S.p.19.

对于纽曼而言，在良知中经验天主的存在，并不是理性分析的结果；相反，那种经验是一种本能或直觉。[50]在那种经验中，人所面对的对象并不是冰冷的理性，而是一个像父亲一样具有情感和人格的对象，那一对象是与人的生存经验联系在一起的。

在此，纽曼所理解的天主，并不是只向个人启示的天主，也并不是让人捉摸不透、完全奥秘的天主；他所讲的天主，是强调个人与祂可以互动的天主，天主向人说话，人也会通过良知对之做出回答、回应。所以，良知可以理解为是天主的"声音"，或更准确地讲，良知是天主的声音在我们内心的"回声"。纽曼认为，通过良知，人可以获得天主的"图像"或"形象"。对此，纽曼这样写道：

> ……良知现象，作为一种指示，可以将绝对掌管者的形象通过想象烙刻在人的心版之上，那位掌管者是一位神圣的、强有力的、洞悉一切的，可以对人进行惩戒的大法官。[51]

（4）良知是信仰的伟大导师

也正是基于这种天主在人心中烙刻上自己"形象"的理解，纽曼才认定良知实际上是一种"创造性的宗教原则"（creative principle of religion）当然，纽曼更愿意将这种"宗教"称之为"自然宗教"。在这种宗教中，信仰者与那位人格性的天主具有一种生动的关系，这种关系以故事、叙述、礼仪、奉献和道德诫命的形式表达出来。[52]

这样，纽曼就在良知与天主存在之间建立起了必然的联系。也就是说，承认良知的存在，也就必须承认天主的存在，"我有一个良知，所以天主是存在的"（conscientiam habeo，ergo Deus est）[53]。对于纽曼而言，有两个绝对自明的存在，即"自我"和"创造者"。[54]当人寻到自己的良知时，同时也就寻到天主，经验到良知也就必然经验到天主的存在，纽曼这样写道："如果自问为何我相信天主，我会回答说，那是因为我相信我自己，理由是我不可能在相信自己存在的同时不去相信祂的存在，祂在我的良知中是一个人格的、监

---

50 G.A.,pp.46-7.

51 G.A.,p.110.

52 G.A.,p.389.

53 Phi.N.,ii: pp.59,1970.

54 Apo.,p.4.

视一切的存在。"[55]纽曼认为，良知为人的头脑提供了一种真实的天主的形象，它给人规定了一种来自天主的道德律令，在良知的带领下，人就可以走向天主。所以，良知就是信仰内在的伟大导师，对此，纽曼这样写道："如果有一种发现信仰真理的途径的话，它不是存在于人的理智之中，而是存在于人的道德良知之中。"[56]

尽管纽曼关于良知的论述非常精妙，令人信服，但他的观点也会受到下面两个方面的挑战：

首先，纽曼拒绝将良知视为是人之自然本性的最初因素。纽曼拒绝将良知视为是人之自然本性的最初因素，他将良知视为是"天主的声音"或"天主之声的回声"。这种认识固然可以避免如中国哲学中将良知视为是人的创造物的认识，但在实际中，这种认识必须要面对的一个现实是，很多人并不会在他们的良知中经验到天主的存在，他们甚至会经验到一些相互冲突的天主"形象"。[57]纽曼的良知论解释不了人之自然本性中的这种复杂性。

其次，纽曼的良知观点只适用于特定的环境。纽曼将良知定义为"天主的声音"，其潜在的前提是以认信天主存在为第一原则，在无神论或多神论的环境下，纽曼的这种定义就不适用了。事实上，纽曼的良知论只适用于特定的环境，即，一神信仰和原始宗教信仰的环境之中。在现在社会的多元宗教背景之下，纽曼由良知走向天主的认识似乎也显得有点不合时宜了。

（四）自然宗教与启示宗教

1、自然宗教的基本原则

纽曼是以良知论来论述自然宗教的基本原则的，同时，他也注意到了自然宗教的其他一些原则，主要包括信仰恐惧原则和罪的原则以及相信天意的原则。

（1）宗教信仰恐惧原则和罪的原则

纽曼认为，在良知中经验到的人格化的天主，不仅有其仁慈的一面，另外还有其威严令人敬畏的一面。人作为有限存在物，在良知中会经验到天主的直接存在，站在这位全知的创造者面前，人难免会产生恐惧之感。当人经

---

55 Apo.,p.198.
56 G.A.,pp.117,390.
57 Cf.Diff.ii,pp.247-50;L.d.xxv,p.97.

验到天主的威严的同时，也会意识到"灵魂的短暂"与"未来的审判"，当违背良知，不信守天主的律法时，就会产生对自我这种行为面临的未来惩罚产生恐惧。

这种宗教恐惧在"文明宗教"（religion of civilization）或较高级宗教中并不明显，因为这些所谓的"文明宗教"强调天主的温柔智慧的一面而不注意其作为正义审判者的另一面。这样，在人与天主的关系之中，人就取代天主居于了中心地位，在此意义上，宗教仅仅成为了一种个人心灵的抚慰，人不需要再对天主和他人担当责任。但是在自然宗教例如原始宗教信仰中，原始人比现代人会更加强烈感受到作为审判者天主的形象，所以对纽曼而言，这种宗教恐惧就是自然宗教的一个本质要素。

纽曼认为，宗教恐惧感必然带来人的罪感，因此，在自然宗教信仰中，与恐惧原则不可分开的另一原则就是罪的原则。自然宗教就是建立在人的罪感或羞恶感之基础上的一种宗教信仰。[58]所谓罪，即是说，当人违背天主的意志后，将会遭受严重的、真实的惩罚。所以只能在与天主的关系中理解罪的概念，纽曼的理解与正统基督宗教的理解并无两样，也认为罪实际上是人与天主关系的断裂。这种罪的理解与"文明宗教"中对罪的认识不同，后者认为罪不过是人自身不够完美或是违反了什么诫命。[59]换言之，在"文明宗教"中，人的良知只对自己负责而不必对天主负责。

（2）相信天意

在自然宗教中，人对天主和神灵的恐惧从另一方面也说明，相对于人的理智而言，天主具有神秘性。天主对人是"不可见"的隐藏的存在，但人会感觉到在冥冥之中，天主仍然在宰制着整个宇宙，看护着每个人的生命，天主的这种力量和安排就是所谓的"天意"。纽曼认为，天意观念在人的头脑中根深蒂固，是人与生俱来的一种意识，而且它也是一种实际的存在，存在于每一时代和地区。[60]

在自然和人生中，会存在各种混乱、无序、无常的现象，这就需要一种意义的解释，将这种无序、无意义的现象整合到一个意义系统之中去。在此意义上看，天意就是要为世界中存在的诸多困惑提供一种解释，使不合理的

---

58 G.A.,pp.400,487.
59 Cf.G.A.,pp.416-7;Idea pp.191-2,195-6,203.
60 Cf.G.A.,pp.113,250,403.

成为合理的。纽曼的理解更进一步，他认为天意的原则就是"自然的原则"，理由是，自然就是造物主意志的体现和结果，无论是自然秩序还是人的思维结构都离不开天主的意志，"宇宙的结构告诉我们整个宇宙都是由祂创造的，同样地，人头脑中的律法就是祂的意志的表达，而不是单纯的秩序。"[61]尽管纽曼的观点是一种有神论的立场，但是不可否认的是，他所肯定的天意无疑为人提供了一种特殊的世界观，从此出发，人可以对自然产生敬畏之心，甚至可以进入宗教信仰的境界。所以说，自然宗教中的这种天意论就为进入启示宗教做了预备，启示宗教植根于自然宗教之上，它是自然宗教发展的结果和圆满形式。[62]

总之，在纽曼看来，一切关于天主的知识只有一个资源：良知。良知是人之自然本性不可分割的一部分，人之自然本性就是人关于天主知识的唯一起点。只有遵从良知，人才能获得关于天主存在的真实信仰，或者真正认可天主的存在。对于纽曼而言，良知就是宗教信仰的第一原则。

由良知原则又可以生出自然宗教信仰的其他一些原则：宗教信仰恐惧及罪的原则以及相信天意的原则。这些原则都表明，在自然宗教与启示宗教之间，存在一种类比关系，自然宗教为人接受启示准备了心灵条件，甚至可以让人去期待启示宗教信仰。

2、启示宗教的教义原则及其他原则

纽曼在《论基督宗教教义发展》中提出了与启示相关的两项原则，教义原则和信仰原则。

教义原则，也就是说超性真理通过并不完美的人类语言来向人传达，这种传达方式确定而又必要，因为它由上面那一位给出。纽曼对教义问题尤为关注，他将一切反教义的神学主张和信仰实践都斥为是宗教上的"自由主义"。纽曼这种观点，主要是针对当时"唯理主义"和施莱尔马赫的"唯情主义"的泛滥，在纽曼看来，上述两种认识，无疑是在贬低天主的启示，将之降格为是一种个人的主观见解或情感体验。

根据米勒（Edward Jeremy Miller）的分析，纽曼之所以反对上述宗教自由主义，强调启示的教义原则，理由主要有：首先，教义是"一种神圣的教学法"，天主运用教义传达自己的目的和意志。因此，宗教信仰不能被简化为

---

61 G.A.,p.351.
62 U.S.p.31.

是单纯的观点或个人判断，因为是天主要向人说话，人对祂的信仰必须是一种真正的赞同才行。其次，教义是一种象征，它有内在的真实和外在的表现，因为天主只能以人所熟悉的形式来传达自己。尽管人的语言无法完全表达祂的意思，但这种表达仍然是必要的。最后，教义之所以必要，是因为天主要进入历史，因而信仰祂的人尽管有罪，但却可以通过教义清晰地听到祂的声音，并通过教义活出祂的信仰。[63]

纽曼认为，基督宗教之所以为一启示宗教，就是因为有教义的原则。因为有教义，所以天主才可以精确地传达自己的讯息，信众的信仰才可以避免误入歧途，教义就是抵制宗教自由主义最有力的武器。如果没有教义的存在，那么信众就不知道天主在说什么，祂说的话就不具有客观的内容，就会听从自己的个人私见而对祂的话采取自由的态度。[64]

纽曼对教义的态度很容易招致新教派的反感，后者认为那不过是一种宗教独断论而已。但在纽曼看来，却并非如此，因为教义以圣经作为保证，以历史传统作为根基，虽然它具有强烈的教会权威的意见，但同时也会尊重神学家与平信徒的意见，也会不断适应不同的历史文化环境。因此，教义并不是僵死的教条，而是一个在历史与启示，理性与信仰，个人与教会之间不断穿梭的象征系统。宗教情感需要理智的引导。作为科学的神学也许会缺乏信仰的活力，但信仰如果没有没有科学的神学，则必无法存活。[65]

信仰原则，与教义相关，是指对天主圣言以一种内在赞同的方式之绝对接受，这与通过洞察和理性接受信息截然相反。[66]另外，纽曼也论述了与基督宗教启示相关的其他一些原则：神学原则，圣礼原则，恩宠原则，禁欲主义原则，罪恶原则。

3、自然宗教与启示宗教的区别与关联

与启示宗教相比，自然宗教的神灵不具有人格性。纽曼在其《大学讲章》中的一篇讲道"自然宗教与启示宗教各自的影响"中，这样来形容"自然宗教"，它"是虔诚的信仰者在俗世中的一种真实状态，这可以从现在已然存在的他们的著作中得到证明"。纽曼在此所讲的自然宗教标榜经由单纯的理性走

---

63 Edward Jeremy Miller, *John Henry Newman On the Idea of Church*（Shepherdstown, West Virginia : The Patmos Press,1987），p.18.
64 D.A.,p.130.
65 GA.,pp.120-121.
66 Dev.,p.325.

向信仰，将启示排除在外。需要指出，纽曼这里所讲的自然宗教主要是指理性宗教，可能还不是指原始的自然宗教。纽曼认为，对于天主的人格性而言，这种宗教几乎不能提供什么信息：

> 它（自然宗教）可以教导……关于神的无限权能、智慧、美善、临在、道德宰制或神的统一性等内容；但它对于祂的人格性，却很少或根本不能给出什么信息。[67]

自然宗教是启示宗教的预备，启示宗教依赖自然宗教。后来，在 1871 年的一个笔记中，纽曼承认自己早年对自然宗教的认识存在偏颇。为了纠正这种偏颇，他引述自己《赞同的法则》和《大学讲章》中关于良知的论述，其中他就认为，良知可以帮助人们认识天主的人格性。在《赞同的法则》中，纽曼将自然宗教视为是启示宗教，例如基督宗教不可缺少的预备。

对于纽曼而言，启示宗教离不开自然宗教，"比较中肯的说法是，对于启示真理的信仰依赖对于自然真理的信仰"，因为"启示真理依赖那些自然宗教信仰"。[68]

第三节　特殊启示与基督宗教

一、基督宗教启示与历史

在基督宗教神学中，讨论历史与启示之关系的神学称之为历史神学，历史神学主要揭示救赎史与世俗历史的关系及所体现的启示意义。最早开创历史神学的神学家是圣奥斯定，他著有《上帝之城》，其中明确区分了"上帝之城"与"世俗之城"，并认为后者因前者而获得神圣意义并成为其最终的历史归宿。奥斯定的历史神学直接影响到了整个中世纪神学关于历史与启示关系的理解，而且整个西方的历史哲学也是在这种基督教历史哲学的基础上发展起来的。这种历史神学和基督教历史哲学甚至也影响到了近代的神学与历史研究，17-18 世纪的教会史家波叙埃仍坚持以"神意"来解读整个历史，即使主张以科学方法研究历史的史家兰克仍承认"上帝之手"在人类历史中的作用。尽管如此，毋庸讳言，近代启蒙运动以来，无论是神学家还是历史学家对历史与启示的关系的认知与中世纪都有了很大的变化。18 世纪是理性的时

---

67 U.S.p.22
68 G.A.,p.413.

代，也是非历史的时代，康德的"自在之物"杜绝了由人和历史走向上帝启示的可能，而黑格尔的"绝对理念"也使得上帝的启示成为多余。19 世纪被称为是历史学的世纪，历史学研究的方法开始应用于圣经研究，出现了对圣经的历史批判。如果说在 18 世纪启示是要接受理性的审判的话，那么在 19 世纪它就要接受历史科学的严格检验。可以说，从启蒙运动开始，启示与历史渐行渐远，理性以及历史的实证成为阻隔两者之间关系的主要因素。那么是否因此将上帝的启示让位给那种进步、发展的历史观，上帝的古老预言和信息至此可以宣布为是一种"历史的终结"了呢？或者说，是否上帝的启示比如教义也要与时俱进，随着历史而发生变化呢？神学家们又将如何弥合启示与历史之间莱辛所讲的那种"险恶的大鸿沟"呢？这些问题，都是纽曼曾经进行过深入思考的问题。

（一）基督事件

英国神学家理查德森（Alan Richardson，1905-1975）指出，"基督教是一个历史的宗教"，因为基督信仰的基础是历史。换言之，基督信仰对于上帝、宇宙、人类、以至于救赎等的宣称乃建基于某些特定的事件。基督宗教视这些事件为所有历史的核心和焦点，较之其他历史事件更为重要，并且提供了诠释人类历史的线索和建构人类生命意义的框架。对于纽曼而言，基督宗教启示具有鲜明的"历史性"，它一定与具体的事实和历史事件联系在一起，纽曼这样写道：

> 启示与我们相遇是通过一些简单而又明显的事实和行为，而不是对既有现象的归纳，也不是对律法或形而上学推测的概括，是通过耶稣和复活⋯⋯基督的生命带来和聚集了一些真理，这些真理都关乎我们存在的律法和那些主要的善，这些律法和善在那个道德的世界之表面绝望地游荡，而且很多时候相互之间充满分歧。[69]

也就是说，基督宗教启示的事实是独一无二的，尽管也许这些启示的"原则"会在自然宗教中有所彰显。这一事实就是圣经新约中的基督事件，通过基督的道成肉身，"启示的教义⋯⋯真正成形，并且获得了一种历史的真实；全能被引入祂的世界之中，在一定的时间，以一种确定的方式"，即，"人的形式和人的历史"的方式。[70]对纽曼而言，基督就是天主启示的完满实现，也

---

69 Mix.,p.347;U.S.,p.27.
70 Mix.,p.347.

正是通过耶稣基督，天主才进入了历史，在祂内，"天主已经使历史成为了教义"[71]。道成肉身就是一个无与伦比的"神学——历史"事实，也就是说，是一个具有神学意义的历史事件。

（二）基督信仰观念的出现及其特征

纽曼始终认为启示首先就是指天主行为在历史中的彰显。与自然宗教不同，启示宗教中的那些事实和行为可以使人认识天主的意图和真实。[72]但是，只有当这些事实进入人的头脑时，才可以成为完全意义上的启示。或者可以说，天主借助这些事实以让人认识自己，在未被人接纳之前，这些事实只能作为天主启示的工具和"形象"。福音中耶稣门徒的基督信仰最初就是建立这种作为"形象"的启示基础之上的，他们所信仰的是一个曾经跟他们一起生活过的有血有肉的耶稣基督，他们通过口耳相传来宣扬基督的福音，表明自己的信仰。即使在同耶稣一起生活过的门徒们去世之后，早期教会的基督信仰也基本是以对耶稣这一形象的记忆为核心，当时的信徒并没有将之作为一种理性的、系统的观念或教义来作为自己信仰的依凭。但当基督信仰与希腊文化遭遇后，就面临一个如何在一种具有深厚哲学传统的文化中表达自己信仰进而向异教徒宣讲自己信仰的问题。在此形势之下，利用希腊哲学资源，实现基督信仰的哲学转化就显得尤为必要与迫切了，这项任务主要由早期的教父作家来完成。在查士丁、克莱蒙、奥利金、奥斯定等教父作家的努力下，出现了"基督教哲学"，基督信仰最终实现了由"形象"到"观念"的转换。

纽曼在其安立甘时期的作品中，非常强调作为"形象"的启示。但后来随着他研究古代教父作家的不断深入，对于早期教会教义的形成与发展历史有了更多的认识，所以在1840年后，纽曼开始强调作为"观念"的启示。在《论基督宗教教义发展》中，纽曼将"观念"作为一个有活力的原则加以使用，观念也有其自身的生命，可以攫住人的头脑，可以使人不断获得新的超越观念自身的新认识。[73]根据杜勒斯（Avery Cardinal Dulles S.J.）的理解，纽曼所认为的作为观念的启示具有三个方面的属性，即，综合性、活泼性和真实性。

---

71 P.s.,ii:pp.62,227;iii:pp.114-15.
72 O.U.S. p.27.
73 Dev.,p.36.

综合性。"信条和教义"，纽曼写道，"都居于一个观念内，都是用来表现这一观念的，而这一观念本身就是本质"。[74]基督宗教观念的这种综合性贯穿于它的所有表达之中，在其教义、敬拜和行为中都有体现。

活泼性。基督宗教观念的第二个重要特征在于它是一个生动活泼的观念。这一观念不仅会扎根于人的头脑之中，而且还会进入到各种关系之中，会与各种观点、原则以及它所在的组织团体发生碰撞。在此过程中，它会在与世俗文化的交谈中受到各种挑战，但它总能在试炼考验中得到生长。对于基督宗教观念与其他各种观念和社会历史环境的关系，纽曼有这样一句名言可以得到很好的解释："在一个较高的世界中，事情当然是不一样的；但在一个较低的世界中，活着就意味着要改变，要达到完美就必须经常改变。"[75]

真实性。最后，基督宗教观念是一种真实的观念。由于受亚历山大柏拉图主义者的影响，纽曼认为，观念先于人的思维而存在，思维"低于真理"。[76]天主通过自然和包括圣经、礼仪、教义在内的象征来向人传达自己的启示，人运用思维可以接受天主的启示，但却仍无法完全窥探天主奥秘启示的全部。基督宗教观念由真理成为人思维中生动活泼的表象，但它本身却是不会有任何变化的，它只是以各种形式来传达自己。所以，教会以及她所有的神秘与圣礼"都不过是以人的语言表达的真理，人的思维远无法与真理本身相比拟"。[77]

我们认为，杜勒斯对于基督信仰观念属性的概括只能从一般意义上进行理解，也即是说，上述三个方面的属性也基本适合于非基督信仰观念如一般的哲学理念的理解。而基督信仰观念与其他信仰观念和哲学理念相比，还应该有自己的独特性，从其形成来看，根据纽曼的相关分析，它的独特性主要体现在以下两个方面。

基督信仰"观念"指向基督事件。基督宗教"观念"并非是信仰的目标，而是实现信仰的方式。用库尔森的话来说，"观念"最多是我们洞察方式的一种想象而已。[78]所以，基督宗教的"概念"一定是与道成肉身的基督联系在一

---

74 O.U.S.,p.331-2.
75 Dev.,p.40.
76 Dev.,p.357.
77 Apo.,27.
78 John Coulson, *Newman and the Common Tradition*(Oxford: Clarendon Press, 1970), p.64.

起的，它并不是脱离耶稣基督生命的形而上之思辨的结果。正是基于这种认识，纽曼在表达基督宗教的超性"观念"时，都是采用具体化或人格化的表达方式。[79]因此，基督宗教的"观念"就是基督本身，天主通过耶稣基督这一可见的形式，将自己的启示传达给世人，并成为可以触摸的，可以在世人的生命中活泼存在的一种信仰。

基督信仰"观念"在教会中形成。关于基督宗教"观念"的形成，纽曼承认这种观念的形成与"超自然"有关系，受超自然或天主恩宠的影响，不排除个人因"灵感"而接受这种观念。但是，另一方面，纽曼认为基督宗教"观念"的形成离不开教会，这种观念通过教会的各种教义教导、礼仪等表现出来，对于基督徒而言，接受这种观念也是在教会团体中受教育的结果，"要熟读圣经……要与团体中其他接受神圣观念的信众交流分享……要学习教理……"[80]。换言之，基督宗教"观念"可以实现个人的传达，但同时也需要公众的传达，它不是一种秘不示人的教义，而是为救普世人灵的福音。所以拉仕在研究纽曼的《论基督宗教教义发展》时认识到，"纽曼关于福音很重要的认识在于，福音完全是在教会中得以传达和生活。"[81]另外，库尔森也认为，纽曼所理解的基督，并不是与"可变的个人"相遇，而是通过一个公众的团体即教会而进入到人的信仰之中。[82]

（三）基督宗教教义的出现：信仰与理性的相互作用和平衡

1、教义的提出

纽曼认为，基督宗教观念并不是那种僵死的观念，这种观念，也会发展，会经历一个不断概念化和系统化的过程，最终形成基督宗教的教义。纽曼在其《大学讲章》中，对这一过程有非常精微的分析：

> 一个习惯于思考天主、基督和圣神的头脑，会很自然地去转向……对于它所敬拜的对象的好奇，开始形成关于祂的一些认识和主张。而且，会形成一系列的认识，一个主张导向另一个主张，再导向下一个主张；这样就需要对这些主张进行一番界定；这些主张也会相互矛盾和冲突，而这种矛盾和冲突的综合会形成一种新的观

---

79 Nicholas Lash, *Change in Focus*（London：Sheed&Ward，1973），p.92.

80 U.S.,333.

81 Lash，*Newman on Development*，p.134.

82 Coulson，*Common Tradition*，p.64.

念，当然，是由最初观念而来的新观念。这一过程就是发展，结果就会形成一系列的，或一大堆的教义主张，至此，那最初的想象的印象就成为了一个建立于理性基础之上的体系或信条。[83]

2、教义的形成是想象与理性相互作用的结果

因此，一个教义主张，就是想象与理性相互作用的结果。用库尔森的话来讲，从想象到理性就是"从隐约到明显，从不准确到准确，从无概念化到概念化"的过程，它们相互调整，所以可以说是"共有一个法则"。事实上，库尔森继续写道："（纽曼）并没有对从最初的宗教信仰形式（以比喻、象征和故事来表达）到由它们而来的教义信仰做出严格明确的区分。"[84]

因此，可以看到，在《赞同的法则》中，纽曼认为，宗教的真理宣称，一方面是"神学真理"，另一方面则是"信仰的事实或实在"。首先，信仰的假设可以满足论证、分析、对比等理智活动的需要，是一种"观念的表达"。其次，信仰的假设可以满足奉献的目的，是为了激发信众的宗教虔敬，在此意义上，信仰假设是一种"实在的表象"。[85]对于纽曼而言，宗教信仰是通过对表象的沉思得以实现的，这种混合了想象与理性的表象可以为信众的信仰忠诚提供源源不断的动力。因此，一种教义假设，例如"天主子"的教义，可以"在人心中引爆革命"，可以点亮人的内心，并重塑人的行为。[86]

3、理性或神学可以削弱信仰，应保持宗教信仰与神学之间的平衡

教义的形成与发展离不开神学上的理性探索，但这种理智活动的根本目的是服务于信仰，否则，就会消弱信仰，甚至在一定程度上可以说，理性与信仰会成反比，在纽曼看来，"神学家或诸如此类，无论他们本身是对还是错，他们都是过于理性以至于失去了灵性生命，他们的头脑更多的是为教义真理而不是为这种真理所表达的实在所占据。"[87]

在此，纽曼显然不是反对理性与教义在信仰中的作用，而是反对那种将之推向极端的做法，他的理想是要在宗教信仰与神学之间保持一定的平衡，

---

83 U.S.,329.

84 John Coulson, *Religion and Imagination*: *'In Aid of a Grammar of Assent'* （Oxford：Clarendon Press，1981），51.

85 G.A.,89.

86 G.A.,126

87 G.A.,216.

"宗教信仰运用神学，神学运用宗教信仰"。[88]因此，对于纽曼而言，教义一定是与"特定的"事实和事件联系在一起的，这些事件在历史中发生，它们是一切宗教情感、思想和行为的根基与对象，它们呼唤人对之做出回应，而教义就是对这些事件的最为恰当的回应。对此，纽曼在其《自辩书》中曾称，在他15岁时，教义就已成为他信仰的根本原则，除此之外，他没有其他的任何信仰，教义成为他信仰的方向、动力和不竭的思考源泉。

（四）教义与启示：不能言说的言说

1、教义无法穷尽启示，启示是教义与神秘的混合

但是，另一方面，纽曼并没有将信仰简化为干巴巴的教义信仰，他清楚的知道任何教义形式都是具有局限性的。对此，他这样解释道：

> 从人的理智的有限性而言，没有任何启示是可以实现圆满和系统化的。当没有什么启示时，人就不会知道什么，也不会有什么思考或疑问；但当启示了一些东西，而所有其他的又未曾启示出来时，就会马上出现种种困难和困惑。一种启示，从其可以显明的角度看，属于教义；但若从不可显明的角度看，则属于奥秘。所以，宗教信仰真理既不是完全的光明，也不是完全的黑暗，而是两者兼而有之。教义是启示光照的那一面，奥秘则是启示没有光照到的一面。这就像是黄昏中的村庄，在暮色中若隐若现。在此意义上，启示并不是一个'系统的'启示，而是包含了大量分散的、不完美的真理，它们都属于一个更大的未启示出来的系统范畴，所以，启示就是教义与神秘的混合。[89]

2、基督信仰是教义，也是"诗"

所以，对纽曼而言，基督宗教的启示是不能被简化为教义的，再精致的教义体系也无法完全表达启示的全部内容。从1858年开始，纽曼就开始思考基督宗教的"诗"的特征，即它所具有的理性不可达到的神秘性。对于基督宗教的"诗"的特性，纽曼写道："并不是要讲理性，而是要讲想象与情感；它导向敬拜、热心、奉献与爱。"[90]在其他地方，纽曼也曾讲，"启示宗教应该是诗——事实上它也是。"[91]

88　V.M.,i:xlvii.
89　Ess.,i:41-2.
90　H.S.,ii:387.
91　Ess.,i:23.

因此，对于纽曼而言，基督教会应该具有以圣本笃为代表的诗的精神，还需要以圣多明我为代表的科学精神，同时也需要以依纳爵为代表的实用主义精神。纽曼曾讲过，"想象、科学和精明，都是好的"，教会都需要它们。"（这些）在自然中不相协和的事，在教会内却相得益彰。""她（教会）的散文一方面是诗的，另一方面也是哲学的。"[92]

总之，纽曼理想中的教会应该是"清晰的头脑与圣洁的心灵"的结合。[93]换言之，教会一方面应该具有批判性的理智，另一方面也应具有深刻的信仰。因此，无论是对于个体性的神学家而言，还是对于整个基督教会的官方教导而言，都应该看到其自身限度，应该建构一种"具有宗教想象力的神学"[94]。

3、不能说但又不能不说的启示

纽曼所讲的"具有想象力的神学"实际上也是一种"言说的神学"。天主的启示玄奥难测，以人的理智和语言的有限性而言，人根本无法对之言说，因为一说就可能出错。但另一方面，人又不能不说，而且通过这言说，启示也才能不断得以彰显、传播。纽曼这样写道：

> 从自然的情势看，我们所有对全能天主的语言，虽然看起来都言之凿凿，但也不过是一种类比和比喻。我们只能言说祂，但却无法通过我们的经验看到祂。当我们对祂进行反思并尝试表达对祂的思考和理解时，我们不得不借用语言，而这必然会使意义发生转移，而且那语言是时空中人的语言。我们意识到，当我们这样做时，所获得的关于天主的知识一定不是完整的知识，但我们只能如此，舍此我们就什么也不能做了。我们只有承认自身的不足，才能不断地进行修正。……我们只能在不断地修正一个接一个的错误中向前迈进。通过这种纠错匡正的对立方式，尽管我们无法达到最后的目标，但却至少可以为之开辟正确的方向；就像在代数演算中，我们可以不断地进行增加和减少，一点一点地接近，通过说和不说，接近一个积极的结果。[95]

---

92 H.S.,ii:369.

93 G.A.,l:lxxv.

94 G.A.,117.

95 T.P.,i:102.

（五）基督宗教观念/教义在教会历史中的变与不变

1、问题的提出

对于如基督宗教这样的重要"观念"，它不仅仅停留在人的头脑之中，也体现在社会之中，有其社会的表现形式，如道德律令、思想体系以及礼仪实践等。而且，基督宗教观念也有一个历史的发展演化过程，纽曼认为，基督宗教"开始仅仅是作为一种崇拜，在社会下层人士中传播、扩展……后来，为知识和有文化的社会阶层所接纳，因而就成为了一种神学和知识。最后，在各种教派中，它又选择了罗马教会作为自己的中心。"[96]

基督宗教作为一种社会组织的存在，是一个复杂而又综合的历史事实，基督宗教"观念"的发展不可避免地受制于基督宗教的历史。在历史中，基督宗教经常遭受各种挑战，这种挑战的真正含义在于，如何保证基督宗教观念在历史发展中的真正的连贯性与一致性。

为了回答上述问题，纽曼并没有完全将不变与变化，超性与历史对立起来，相反，他是要努力去解释启示如何在一个由人罪而来的变化的世界中得以保持。纽曼在《论基督宗教教义发展》中指出，基督宗教传统的整个"超性结构"就是"要恰当地代表那一观念，保证那一观念的历史发展在本质上与其原初是一致的"。[97]纽曼进一步提出一个更为深入的问题：

> 如果基督宗教是一种社会性宗教，当然它肯定是了，如果它是建立在那些可以称之为是神圣的观念或者信条之上，如果这些观念具有不同的方面，在不同人的头脑中有明显不同的印象，有各种不同的发展形式，有的对，有的错，有的两者兼而有之……那么，有什么力量可以对这些冲突做出解释，制定标准呢？[98]

2、教会传统可以提供一种答案

纽曼对自己这一问题的回答就是教会传统，教会的传统就是权威和标准。早在安立甘教会时期，纽曼就认为，教会的权威首先在于她的"信仰法则"，他认为这种信仰法则从其源头讲就是使徒性。纽曼理解的"信仰法则"主要有两种表现形式，分别是"使徒传统"和"先知传统"。

---

96 V.M.,i:41.
97 Dev.,36,38.
98 Dev.,89.

信仰法则最鲜明的表达形式就是"信经","通过主教到主教得以传达和接受",纽曼称之为是"使徒传统",这种传统很容易引起个体基督徒的关注,对其接受程度则因人而异。另一方面,信仰法则又通过"先知"的宣讲而得以"详述",先知们"揭示和确定它的奥秘",这些解释构成了纽曼所讲的"先知传统"。[99]"先知传统"具有庞杂的内容,是由使徒传统衍生或围绕使徒传统的一些观念和风俗,它们因地域和文化不同而具有多种面相,其中有些与使徒传统不可分离,但有很多也只流于神话和传说。

> 有的被书写下来,有的却没有被书写下来,有的得到了解释,有的则是对圣经的附会,有的为基督徒的理智所保持,有的则潜在于基督徒的灵性与性情之中;在礼仪中,争议性作品中,歧义难解的段落中,讲道中,流行的偏见中以及地域风俗中,都可以发现这种先知传统的涌动。[100]

与使徒传统不同,先知传统是一种非官方的传统,它可以对使徒传统进行详细的解读。纽曼认为,先知传统一般是与使徒传统相一致的,但它在一些细节上可能会败坏。所以,教会允许她的成员对先知传统中的一些真理拥有怀疑的自由。

在安立甘——天主教时期,纽曼认为,包括罗马教会、希腊——俄罗斯正教会和安立甘教会在内的那些大公教会都接受使徒传统,但在接受先知传统上,却存在区别。后来在他皈依天主教后,他又认识到,它们的区别不仅仅局限于观点的分歧,同时在那些必须遵行的信条上也存在明显的区别。当他提出自己的教义发展理论后,他才将使徒传统与先知传统整合在一起,认为两者殊途同源。据此,罗马天主教会的一些教义主张不过是古代大公教会历史发展的一种必然,这样也就在实际上否定了基督新教对罗马天主教会的批评与指责。

3、教会权威是最终的答案

在写作《论基督宗教教义发展》时,纽曼就认识到,仅仅依靠"传统"实际上并不能保证宗徒信仰的传承。他认为,还需要"有一个绝对的权威通过一种神圣的权力与公认的智慧来规范和协调个人的判断",需要有一个对基督信仰"不可错的解释者"。[101]所以,纽曼才会说,"一种启示,如果没有一

---

99 V.M.,i:249-50.
100 V.M.,vol.1,250.
101 Dev.,90.

个权威可以决定给出的到底是什么的话，就不能说这种启示是被给出的。"[102]
对于纽曼而言，如果没有教会权威保守启示使其免于败坏的话，那么这样的
启示就算不上是来自天主的启示，这是一个不言而喻的道理。[103]

不难看出，在纽曼看来，启示宗教的本质就在于"绝对权威的宗徒、教
宗、教会或主教"，而这些可以视为自然宗教中"良知之声"在启示宗教中的
另一种表述。纽曼这样写道："启示即……以律法给予者之声取代良知之声"。
[104]这样，自然宗教中那种"主观权威"就为启示宗教中的"客观权威"所取
代，自然宗教中的"良知之声"成为了启示宗教中的"圣经之声，教会之声，
或圣座之声"。在此意义上讲，服从个人的良知就是要服从教会权威。

二、启示与基督宗教教义发展

启蒙运动以来，进步史观成为思想界普遍接受的一种历史意识，19 世纪
随着科技和工业革命的开展，历史进化的思想更加深入人心。这样一种历史
进化、发展的意识对基督宗教的启示论提出了严重的挑战，那么如何协调教
义与这种历史意识的关系呢？纽曼《论基督宗教教义发展》就是要对上述问
题作出回答，而且他的回答相当成功。正如杜勒斯指出，在教义发展理论史
上，纽曼的思想无论从深度还是从广度而言，仍然具有不可逾越的地位。[105]纽
曼的教义发展理论对梵二会议文献的影响也是显而易见的。[106]正如若望·考
特尼·欧麦利（John O'Malley）指出的，"教义发展"问题是梵二会议面对的
首要问题，纽曼的著作"到 1962 年已被广泛地接受为关于终结主题的确定性
著作"。尽管纽曼并不是首先关注教义发展问题的神学家，经院哲学家和新柏
拉图主义的神学家也都涉及过这一问题，但系统深入地探讨这一问题，还是
从纽曼开始的。也正是从《论基督宗教教义发展》后，历史意识对于基督宗
教教义才真正具有了实际的意义。

（一）教义发展问题的传统理解

自古以来，基督教会均排拒任何关乎教义转变之说，正如教会史家优西
比乌（Eusebius）的观点，认为正统的基督宗教教义实际上没有历史，它一直

---

102 Dev.,89.
103 Dev.,92.
104 Dev.,86.
105 Avery Dulles, *Newman*（New York:Continuum,2002），p.79.
106 尤其是《牧职宪章》（GS）62 与大公主义法令》4,6 和 17.

是永恒真实的和自古以来所教导的，"只有异端才有历史。"正统教义既无变更，根本谈不上历史与发展。

一般而言，教父们虽然对教义发展贡献巨大，但是他们并未对他们所做的工作进行反思，他们甚至没有形成关于教义的任何理论。如果说教父作家真正对于教义发展理论作出贡献的话，那就应归功于乐林文味增爵（Vincent of Levins）。圣味增爵著有《教义记录》（Commonitorium），在这本书中，可以发现许多后来成为教义发展理论的段落。圣味增爵对于教义发展理论作出的主要贡献在于提出了"圣味增爵法则"，即那被启示的、宗徒的教义应该是"各时、各地、各人都相信的"。

圣味增爵之后，教义发展理论并未取得大的发展。在经院神学的黄金时期，没有迹象表明教义发展问题与神学博士们有多大关系。圣多玛斯和圣波那文图拉不仅是撰写神学大全的导师，而且他们也询问是否存在信仰的发展问题，但这一问题也仅仅是指圣经启示的发展问题，即由旧约向新约是否存在发展的问题。15 世纪的西方教会与希腊教会的相遇使人们反思"和子说"进入信经的途径，但是其重点并不是要形成关于教义发展的理论。16 世纪的宗教改革者所关注的也只是主要信条的存在和性质方面，对于历史却没有兴趣。

总之，长期以来基督宗教尤其是英国安立甘教派基本都遵循圣味增爵法则，对于教义在历史中的发展与真理问题讨论不多。这种情形到博绪埃时有了变化，可以说，是从博绪埃才第一次在天主教神学家内出现了教义的历史，他曾对公教教义的不变性与抗议宗教义的可变性做过对比研究。但是他本人对教义的不可混杂性却持有一种过于简单化的认识：真理既然是来自上帝，那么从一开始她就应该一直是完美的。他没有考虑到教义发展中面对的各种复杂情形和因素。

（二）纽曼早期著作中关于教义发展的理论

纽曼在其第一部神学作品《论四世纪阿里乌主义者》中就曾涉及到教义发展问题，只是没有展开论述，也可以说，《论基督宗教教义发展》就是在《论4 世纪阿里乌主义者》一书的基础之上而写成的。在《论四世纪的阿里乌主义者》中，纽曼曾提到异教文化与教会异端以及教会权威在教义发展中的地位和作用。例如，他认为异教文化是一座"宝矿"，基督宗教在提出自己的教义时也可以在其中发掘出真正的矿石。当教会中充满各种教义争论时，需要教会权威的介入。教会内的异端注定要失败，"真理终究会战胜谬误"，不仅如此，异端教义也会为真理预备道路。[107]

在《大学讲章》最后一篇"宗教教义的发展理论"中，纽曼直接涉及到教义发展这一主题。其中，他对教会中存在的一些暂时未被教会权威认可的教义形式进行了解释。按照他的解释，教义的发展并不总是采取显明的形式，有时会采取隐秘的形式，所以就会发现也许几个世纪都不会见到正式的教义表达，尽管在实际中存在着这样一些教义实践，但不能因此就认定不存在教义发展，他还以圣经中圣玛利亚将一切默存于心、反复思量的例子加以论证。也即是说，对于信仰的神圣目标而言，明确的表达与潜在的认知尽管存在区别，但也紧密相关，两者都是教义发展的形式。[108]而且圣经本身就包含了教义发展，实际上，借助神学的理性反思，圣经也为这种教义发展提供了保证。[109]

（三）《论基督宗教教义发展》中的教义发展理论

1、纽曼对传统教义发展理解的意见

纽曼在写作《论基督宗教教义发展》时，起初还是站在安立甘教会立场之上的。以此立场来看，罗马天主教的很多教义与崇拜都与原初的大公教会不相一致，是一种教义的"败坏"。而对于基督新教，纽曼也认为宗教改革后的新教与改革时期的新教有很大的区别，比较而言，改革时的新教还是比较忠于早期教会历史传统的，改革后的新教大多都不太尊重早期教会的大公传统。传统的英国安立甘所奉行的原则是"圣味增爵法则"，以此来观，与早期教会相比，罗马天主教教义存在"附加"的现象，而基督新教则存在"缩减"的现象，只有安立甘教派是忠于使徒传统的。但是纽曼经过仔细的分辨后，认为安立甘教派所奉行的这种教义原则也存在问题，尤其是当应用于具体实际时。[110]这样，纽曼就对这种教义理解提出了怀疑，认为从根本上讲，这种理解并不完美。因为这种理解无法解释教义在历史发展中的复杂性，也无法对教义发展与其信仰真理之间的确保关系作出合理的回答。基督宗教教义作为一种"伟大的观念"，在历史中，必然会受到各种历史因素的影响，会发生

---

107 Ari.,434.
108 U.S.,337.
109 U.S.,335.
110 Dev.,II.

变化，但是变化并不等于改变，它并不是要去迎合不同时代和环境的需要，如果是这样的话，它就不配称之为是"启示真理"了。[111]教义的发展是为了与它的原初保持一致，这是纽曼教义发展理论的一个根本的立足点，也正是在这一点上，他又没有违背"圣味增爵法则"，因为后者同样主张，教会后来的教义实际上已经包含在宗徒们的遗产之中了，所以对教义发展的理解，只能是根据以前的来理解以后的而不是相反。但纽曼对于"圣味增爵法则"的突破在于，他将具体的历史引入到了教义之中，是从历史实际的连续性来解释教义发展的普遍性，而不是如经院神学家们从形而上学的角度来诠释那种教义理论的普遍意义。可以说，纽曼的教义理解，实现了"圣味增爵法则"由哲学向历史的巨大转向，这应该是其对教义发展理论最大的贡献所在。

2、教义/观念的发展

（1）教义/观念必须要发展

纽曼首先是将基督宗教的启示或教义视为是一种"伟大的观念"，他认为这样一种观念并不是一种束之高阁的理论，而是要寻求人的理解，进入人的头脑之中。为此，观念就必须要进入世界，而进入世界则意味着冒险，它要参与到与其他观点、观念的竞争中去，要接受世界对它的检验，世界就是理念的战场，这个战场远远超出了学院或议会领地的范围。为了获得人们的理解，观念的这种冒险是必须的，它会在试炼中产生、扩展，在战斗中完善、发展到最高的形态，伟大的理念就是从悲惨的世界中诞生出来的。所以，观念不应该惧怕进入世界和历史，对此，纽曼曾有这样一个贴切的比喻："的确，有时可以说靠近泉眼的地方的水最清澈。这一比喻可以用于很多方面，但是却不能用于哲学的历史和宗教的历史，对于它们，情形也许正好相反，当河水变深、变广、变满时，河水也会更平稳、纯净、有力。"[112]因而，对于一个伟大的观念而言，改变是必须的，"为了生存，它却必须改变，为了完善，它却必须要经常改变。"[113]

（2）教义/观念的发展是"有生命的"发展

与经院神学家单纯的逻辑推理或形而上的沉思不同，纽曼将观念的发展视为是一种"有生命"的发展，观念只生活于能够接受它的理智之中。一种观

---

111 Dev.,10.
112 Dev.,40.
113 Dev.,40.

念，刚开始时，它并不规定它未来的能力和范围，而且谁也不知道它是什么，更不懂得它潜在的意义和价值。所以最初，那只是很模糊的一个观念，它只能在试探中前行，"最后它终于沿一个确定的方向大踏步前进"。当它进入陌生的领域时，会与其他的意见和观念发生冲突，但最后它会战胜其他的观念，成为主导性、确定性的教导。但这还没有完，它会进入社会、政治等更大的领域，接受人的批评或支持，如果它足够强大的话，它甚至会改变公众意见，成为一种意识形态。纽曼对观念的发展过程有这样一段描述，堪称经典：

　　一种观念，无论正确与否，只要它具有征服思想的能力，就可以说它具有了生命，也就是说它生活在了接受它的思想之中。所以对于数学观念而言，尽管它们是正确的，但基本上不能称之为是活的，至少从通常意义上是这样的。但是，对于一些伟大的宣告而言，例如人性、当下的善、管理、责任或信仰等，无论正确与否，它们进入公众的视域中，引起公众的注意，这样它们就不能仅仅以这样或那种方式为许多思考者消极接受了，它在他们中成了一种活跃的原则，引导他们对其产生新的思考，使它在各个方面上得到运用，使它在每一方面得到普及。这就是国王神圣权力的教条，或者是人权的教条，神职对社会采取对立态度的教条，自由贸易的教条，慈善机构责任的教条，芝诺或伊壁鸠鲁哲学的教条，这些教条的本性就是去吸引人、影响人，它们有这样一种第一印象的真实，可以从许多方面认识它们，它们对不同的思想者产生不同的影响。如果让这样一种观念占据了大众或社群中任何一部分人的头脑，不难理解它将会带来怎样的后果。最初人们不会完全实现那推动他们的，他们的自我表达和解释也不会很到位。思想将会出现一个大搅动，即思想的翻滚波动。当观念和非观念发生冲突时，就会出现一段时间的困惑，是否有的会成为思想，是否一种认识会先于其它而显现，都是不确定的。将会出现新的光去影响最初的教条陈述；判断和方面会累积。过一段时间，一些确定的教导会出现，随着时间推移，一种认识会得到调整，或为其它的认识扩充，然后结合形成第三种认识；直到将各个方面归在一起的思想进入了各个思想者的头脑之中，而在最初，这一思想仅为所有思想者存在的。它将会在与其它教条或事实，其它的自然规律或形成的风俗，各种不同的时空环境，其它的信仰、政治、哲学等诸如此类的联系中接受审查。它如何向其它的体系开放，如何影响它们，它能在多大程度上与它们结合，它能在多大程度上接纳它们，当它干预它们时，这些问题就会逐渐誊清。它将会遭受对手的质问和批评，也会受到它的追捧者的捍卫。大量在这些和其它方面与它相关的业已形成的观点将会被收集、对比、筛选、萃取、选择、拒绝，逐渐依附于它，与它分离，在个人和组织的思想中。与它的天生的生机和精巧成比例，它将会使自己进入到社会生活的框架和细节中，从而改变公众的认识，坚固或摧毁既定法则的基础。这样在时间中，它将会成为一种伦理的规范，一种管理的体系，一种神学，一种礼仪，成为什么要根据它的能力而定：这一思想体就是这样艰难获得的，毕竟将要略强于一个观念的恰当代表，从本质上讲那一观念是从最初来的，但它最终的样子则是在各个不同方面的结合中见到，经过许多思想者的建议和纠正，经过许多经验的证明。

这一过程从时间的角度看无论是长是短，我都称其为发展，通过发展一种观念的各个方面被带入到连贯性和形式之中，发展是指一些真理或显明真理在一个大的精神领域内经历由萌芽到成熟的过程。[114]

（3）教义/观念发展与"先在的或然性"原则

观念在其发展过程中，必然会与其他的观念发生碰撞，它可以改变别的观念，但它本身也会被周围环境改变，在它各个不同的发展阶段，发展的连续性也不同。那么，它如何保持最初的本质呢？如何看待教义的历史发展与启示真理的关系呢？对此，纽曼提出了"先在的或然性"原则，他认为教义与先在的或然性的力量成正比。[115]教义的历史发展只是在天主神圣意志推动下那些先在的或然性的彰显而已，透过的教义的历史发展可以窥见天主的神圣意志，对于教义的历史发展，也只能通过先在的或然性原则进行解释。尽管教义在历史发展中具有多样性，但以先在的或然性原则而论，仍然忠于天主最初的启示。对此，纽曼曾以橡树来比喻教义发展，橡树虽大，但终由橡子生长而来，对于教义，亦复如是，后来一切的教义发展都源于最初的教义启示。纽曼的这种理解，与圣味增爵完全一致。圣味增爵的分析同样精辟至

---

114 Dev.,36-39.
115 Dev.,101.

极，他称这种原则是"发展的真正的规则"，是"成长的已经确定的、最美的规则"，他这样写道：

> 对于身体而言，虽然经过多年生长，在尺寸上会有所增加，但身体仍然是身体，总不会成为别的什么东西。年轻人和中年人的身体表征会差异很大，但他们总是由孩童发展而来的，而且他们也总要迈向老年；推而言之，不同的人体貌特征会千差万别，但是所有人的物理性原则是一样的。也许婴儿的胳膊小点，年轻人的大些，但胳膊总还是胳膊。人在完全发育成熟后所拥有的身体关节并不会比在孩童时多些，更进一步讲，他们的身体元素早已存在于母亲的胚胎之中了。这就是发展的真正的规则，这是成长的已经确定的、最美的规则，成年人在体貌特征的任何变化早在婴儿时期就已由造物主的智慧所预先规定了。如果人的体貌变成其他的体貌，如果人的胳膊少一根或多一根，那么其结果是整个身体或者垮掉，或者成为一个怪物，至少会成为受伤害的、衰弱的身体。
>
> 教义的发展就如同人的生长，时间使她变得更为稳固、强大、纯粹，另外为保证其不可腐败、不可混杂性，保证其各个部分的整全和完美，也要承认教义的不变性，不可挥霍其决定性的信仰财富，不可偏离其应有的界限。[116]

后来的观念或教义形式其实在很早之前都已潜在地存在了，后来的教义发展只是那种潜在的实现与圆满。纽曼的这种认识与佩隆（Perrone）基本相同，佩隆就认为教义发展不过是一种对于原初信仰宝库的逻辑认识的增长。纽曼在《论基督宗教教义发展》中曾非常仔细地进行了举证，即原来是"附加性"的教义最后都成为了罗马天主教会教义的有机构成，如道成肉身就是中保教义的最初形式，炼狱的教义也是由洗礼而来的等等。也就是说，这些所谓的"附加性"教义都可以从最初的信仰和最基本的教义那里找到依据，都是从那里发展而来的，并非是人为随意添加的结果。不仅如此，这些"附加性"的教义与那些古老的教导与教义共同构成一个有机的教义系统，教义之间彼此联系、相互印证，所以要么接受一切，要么拒绝一切，"减弱只能导致虚弱，切断只能导致残废。"[117]

---

116 Commonitorium，ch.23（P.L.50，667-8）；trans.Nicene and Post-Nicene Fathers.
117 Dev.,94.

（4）教义健康发展的七项标准

纽曼《论基督宗教教义发展》最核心的内容和价值在于提出了教义发展的七项标准（tests or notes）。根据这种理解，教义只要完全或部分符合这七项标准，就可以说这种发展是健康的，"保存了真理"，是启示真理的必然体现，相反则是真理的"腐化或败坏"。这七项标准分别是：

① 类型的保存

这是指教义虽然发展变化，但仍是它自己。一只幼鸟永远不会变成一条鱼或一头小幼兽，婴孩也不致于退化成为野兽或家畜。生物的种属如此，人的社会分工，政治和宗教发展以及个人的信仰经历也都是同样的道理。同一个人可以先后接受各种互不相容的哲学或信仰而不必是前后矛盾，因为对同一个人来说，它们不过是他的工具，或者是他自始至终内在本质的表露。

② 原则的继续

原则是理论的根基，理论的命脉可以说是依存于它们所包含的规律或原则之中。理论若无与它相称的原则，那么它要不是毫无生气，便必定永远是枯瘠的。原则比教义更容易用来测验出异端的性质。异端与大公教会不存在共同的原则，异教徒却可能会有，异端有各种表现形式，但却有它们共有的原则，即以为在神学上没有什么奥秘可言。

③ 吸收、同化的能力

教义如同有生命的事物，它们从其它同等的中心获取事实，目的是为了利用、同化这些事实，使自己变得更为健全和灵活，可以更多地依赖自身的能力以防御腐化的危险。吸收能力越强，遭受败坏危害的可能性就越小。

④ 逻辑的连系

逻辑是思想的组织，可以保证理性发展的忠实性。但这种逻辑并不是由"前提"到"结论"推论的纯粹理智逻辑，而是指思想或教义本身内在的逻辑，是一种可以为人心所把握的内在的逻辑。在人心本身以内进行的那种自发过程，远比逻辑推演更为高超、精深，心灵健全的人是用不着文辞的。

⑤ 对本身前途的预期

观念或教义的发展其实在其早期历史中已经有了"确切的预表"，未来的发展可能在一开始就已经表露出来了，只不过是模糊的或片段的，需要经过一段时间才能臻于完全。某种发展的最后结果实际上是原初潜倾向在后来历史中的实现而已。如稗官野史中记载尼禄儿时便喜欢模仿暴君的威风，阿塔纳修儿时就曾被玩伴们选为主教，尽管只是传说，但却说明自然倾向对于后来发展的规定性。

⑥ **保守的力量**

当发展违背它早期的立场时，它不可能是真正的而只能是败坏的发展；另一方面，真正发展会保守和维护那之前的发展与规划。一种真实的发展就是保持过去发展的过程；其实它是那过去发展与另外一些事物的相遇的结果：它对后来附加的部分，加以阐明，以证实和发扬之前的发展。

⑦ **经久的活力**

真正的教义发展是可以经受得住时间和实践考验的发展，虽然会遭遇各种危险，但总能保持自己的生命活力，历久弥新。而各种异端教义，尽管可能继续存在许多年，但最终仍是昙花一现，难逃消亡的命运。

上述关于教义发展的标准似乎相当折中和实用主义。而且纽曼并不是从神学框架内开展研究的系统思想家；相反，他是一位对于历史中出现的教义发展模式能做出回应的极其聪明的神学家。即使做出这种限制，纽曼的意义还不止于此，在1990年世界神学委员会在出版关于教义发展的性质的文本中，"对于教义的发展"，他们也只不过是重新温习了下纽曼关于教义发展权威的标准而已。这就是 150 年后纽曼的独创性的意义，他的思想仍然能够为理解教义发展提供重要的参考。

3、纽曼教义发展理论的特点

（1）"发展"不是"历史主义"和"进化论"

19 世纪是"历史学的世纪"，历史主义的意识和方法渗透和应用到几乎所有的学科之中去，并且成为影响社会现实的重要的思想，"在 18 世纪，塑造公共舆论的是'哲人'；在 19 世纪，继承这一职责的是历史学家，他们的著作通常就是宣言书。"[118]英国具有一种"历史主义"的传统。[119]历史主义的历

---

118 [意]卡洛·安东尼著:《历史主义》，黄艳红译，上海人民出版社，2010 年，第 93 页。

119 [意]卡洛·安东尼著:《历史主义》，黄艳红译，上海人民出版社，2010 年，第 13 页。

史意识是关于演进和自发进步的意识，最终历史主义会走向自由主义。[120]而纽曼则是坚决反对自由主义的，而且他反对自护自由主义所运用的主要武器就是"教义"："我的对手是自由主义；我所说的自由主义是指反对教义原则及其发展。"[121]对纽曼而言，教义意味着信仰的实在和"被给予性"（givenness），"从 15 岁起，教义就是我信仰的根本原则；我没有其它的信仰；我不能进入到任何其它信仰的理念之中；信仰，仅从一种情感而言，对我来说是一个梦，一种嘲弄。如同没有父亲，但仍是要孝顺，如同没有绝对存在，但仍是要奉献。"[122]

纽曼所讲的"发展"更不是达尔文主义。[123]达尔文主义标志着一种新的世界观的出现，达尔文著有《物种起源》一书，这本书完全是以反基督教的姿态出现的，它的问世象征着对正统形而上学的最后的致命的一击。[124]纽曼作为基督信仰的护教士，尽管将"发展"的原则应用于神学研究，其"发展"概念的内涵与"进化"的概念有本质的区别。

（2）不同于后来现代派神学家的教义理解

与后来天主教现代派神学和新教神学相比，纽曼神学既没有为现代主义神学家所承认的辨证发展，也没有在《福音与教会》所勾画的更为激进的进化论。他所讲的发展是一种"真正发展"。

现代主义者，尤其是卢瓦齐（Alfred Loisy，1857-1940）运用纽曼的概念；像纽曼一样，他诉诸发展进化的观念。承认教会在历史进程中的发展、变化，并强调这种变迁的持续性。同理，教义和礼仪也会不断更新，从而在历史上常会展示其与原初传统明显不同的新形式。但是在乐林人文森思想的基础上，卢瓦齐在坚持发展原则的同时，也强调应保持一种发展中的更大原则的统一性和不变性，他非常关注变化的因素。卢瓦齐理论的逻辑性结果，"乃是将这种'发展'等同于'变化'，即表明天主教会及其信仰及信条的相对性、可变性。"[125]

---

120 [意]卡洛·安东尼著：《历史主义》，黄艳红译，上海人民出版社，2010 年，第 14 页。
121 Apo.,p. 48.
122 Apo.,p. 49.
123 Harrold,*J.H.Newman*,p.73.
124 [英]J.C.利文斯顿著：《现代基督教思想》，何光沪译，四川人民出版社，1992 年，第 456 页。
125 卓新平著：《当代西方天主教神学》，上海三联书店，2006 年，第 11 页。

同为现代主义者的提勒耳（George Tyrrell，1861-1909）为了反对一种教义发展的纯粹唯智主义者的观念，他对神学体系进行了对比，最终他发现一个问题，即福音书中所呈现的启示是如此简约，没有理性，但其内涵却比任何抽象的表达更为丰富："如果最早我们拥有的是基督信仰的种子和基础，如果我们，另一方面却拥有更高发展阶段上的系统化的同样真理，那么说在启示上没有发展是很荒唐的说法。"[126]

从 19 世纪末叶到 20 世纪初叶，德国新教神学大师哈纳克（Adolf von Harnack,1851-1930）积数年之功，成就三大卷《基督教教义史》（*Lehrbuch der Dogmengeschichte*），其对于教义的基本观点是："教义之形成与发展乃是希腊精神在福音土壤中的成果。"[127]尽管哈纳克并不反对教义在抵抗异端中的地位和作用，但是他却明确反对那种权威的教会体制中的教义。因此，其根本目的是要使教会最终摆脱教义，回归福音。在他看来，"福音不是一种理智的教义，而是一种动态的实在。福音就是耶稣基督……"[128]

（3）历史与传统/教义的统一

对于历史与传统的关系，当代教义史家帕利坎这样写道：

> 没有历史的传统把所有发展阶段都压缩成一种静态圆融的真理；没有传统的历史导致一种史观，把基督教教义的发展相对化，以致把真正的成长和病态的突变之间的区别变得似乎全然是任意的。……传统是死人的活信仰；传统主义是活人的死信仰。[129]

纽曼在《论基督宗教发展》中以教义发展的理论取代了圣味增爵法则。这样也就是说，他试图将使徒时代以后的教义发展纳入到使徒统绪中去，这也就在实际上肯定了罗马天主教会的教义和传统。根据他的教义发展理论，所有的教义发展都是使徒传统的组成部分，换言之，历史中的教义尽管有变化，但是却没有发现和增加新的真理。发展的成果属于最初的启示，教义发展由启示而来，启示是教义发展的作者。这样纽曼就协调平衡了不变与变化，

126 Tyrrell,"Theologisme",Revue pratique d'Apologetique,vol.4,1907,p.506.
127 Harnack，*History of Dogma*，vol.1.，New York，1961，p.17.
128 [英]J.C.利文斯顿著：《现代基督教思想》，何光沪译，四川人民出版社，1992 年，第 514 页。
129 [美]帕利坎著：《大公教的形成》，翁绍军译，华东师范大学出版社，2000 年，第 15 页。

或者传统与发展的关系，具体到教义而言，就是保证了今日教会的教义是与原初教会的教义的一致性和真理性。

三、启示在基督宗教内的传承

（一）圣经与传统

1、圣经在信仰和教会中的重要性

如同同时代的其他英国人一样，幼年时的纽曼也是在所谓的"圣经信仰"的滋养下长大的，纽曼在童年时期就对圣经非常痴迷。从年轻时期，他就接受了《三十九条信纲》的第六条，该条信纲指出，一切的救赎都包含在圣经之中或者至少是可以为圣经所证明的。但纽曼并没有认识到，这样一端教义否认了传统在帮助人们理解圣经中的作用。进入牛津奥利尔学院后，纽曼深受郝克文思（Edward Hawkins）的影响，开始逐渐认识到传统在宗教信仰中的重要性。但即便如此，他仍把圣经至于首位，他将圣经视为"天主对我们发出的声音"，[130]圣经就是"传达那些根本性的信仰真理的圣书"，[131]是认识这个世界真正意义的一把钥匙。[132]在纽曼看来，圣经绝对富有，直到教会的终结，人们也无法完全穷尽对圣经的理解。

2、圣经正典问题

对于圣经旧约各章的界定主要基于基督本人对旧约内容的引述，但纽曼认为，传统也可以为这一重大问题提供帮助。[133]

同样，新约正典也是由传统得以证实的，"无可否认的是，我们现在接受这种新约形式都是来自传统"。[134]"从圣克雷蒙时代直到今天，从东地中海以及附近临海的所有国家，都一致而且始终坚持那种建立在正典基础之上的基督信仰"。[135]

圣经正典的形成经历了一个历史过程，纽曼在他的一篇讲道中，曾将这一历史划分成为八个阶段：各卷的创作；各卷的分别流传；可能有些卷册丢失了；逐渐将各卷收集起来；收集暂时不完善或存在变动；在四世纪时完全

---

130 MSA.17，no.85,p.2.
131 MSA.11,8.
132 P.S.，VI，p.252.
133 Cf.Tract 85 in Discussions,p.210.
134 V.M.,I,p.285.
135 Cf.MSA.43,14.

为教会接受；直到十六世纪，正典定型，新教拒绝其中一些；从十六世纪直到今天：天主教徒相信教会钦定的那些圣经经卷；新教徒接受部分罗马教会认定的圣经经卷。[136]

总之，圣经正典的形成经历了一个固定、流传和评断的历史过程，在此过程中，教会对于圣经正典的认定发挥了最为重要的作用。教会对圣经正典的认定并不是一种简单的官方认定，而是基于在历史中信众对于圣经经卷的信仰而形成的一些教条和教义传统，目的是为了捍卫正统，反对异端。

3、圣经的默感性

圣经是由人书写出来的，但因为人有自由意志，所以在圣经中，难免掺杂人的因素在内。按照基督宗教的理解，圣经作为天主的话语，它的第一作者当然还是天主，圣经就是人在天主圣神默感推动下完成的一部圣书。古代教会中的宗徒和那些信从福音的人，都充当了天主圣神默感的器皿，无论他们说的还是写的都曾受到过天主的默感。[137]

在论及默感的性质时，纽曼区别了两种截然不同的认识。第一种认识认为，圣经中的每一个字句都出自天主圣神；第二种认识认为，圣经文本实际上是真实无误的。这样来看，默感就呈现两个标记：其一，圣经文本的每一个字句都出自默感；其二，默感是一种比喻义，圣经不过是受默感作者的作品。

在此，纽曼实际上认为，圣经并不是天主圣神直接启发的结果。他清楚，圣经本身并不能告诉人们什么，圣经的真意需要得到显明和正确的解释。对此，纽曼认为，传统可以保证圣经文本的神圣本质，教会可以充当圣经不可错的解释者。[138]

4、圣经的解释

（1）圣经语言的不完美性

圣经是以人的语言来表达神圣真理，而人的语言是有局限性，并不完美的语言。因此，表达方式与表达对象之间极不相称。尽管如此，圣经语言仍然不同于一般文学语言，因为它表达的是天主的圣道，它蕴含有一般语言所不具有的神圣意义，是一种"圣礼语言"。[139]也正是因为圣经语言的这种特殊

---

136 MSA.16,4 Ii;appendix,no.3.
137 MSA.16,4 I.
138 S.E,p.12.
139 V.M.,I,p.291.

性，所以对它的理解和解释需要格外注意，在此方面，纽曼反对那种个人解经的做法，他认为应该将圣经语言的解释权交给一个权威，那个权威就是教会，教会可以对圣经做出清晰、确定的解释。

（2）圣经的结构

从圣经形成的历史看，它并不具有一个整齐划一的结构。圣经并不是一气呵成的文学作品，纽曼写道："它（圣经）不是一部书；它是很多作品的集合，有不同时代的众多作者，而且这些作者也具有不同的哲学和文化背景。"[140]圣经文学受到历史、文化的影响，具有处境化的特征，从此意义上讲，圣经并没有为人们提供一套系统的教义。尽管从人的角度而言，圣经并没有包含所有的教义；但若从启示的角度而言，在圣经的内在结构和隐含意义中却实实在在地表达了天主的启示。[141]当然，这种表达很多并不是一种直接的表达，而是采取的间接和含蓄的方式。[142]也正因此，纽曼才认为，只有借助传统的教义系统和教会的权威解释，圣经所包含的启示真理才能被人正确地理解，否则这本书就仍然是一部充满未解之谜的天书。[143]

（3）圣经奥义

圣经作为天主的话必然包含丰富的含义，字面义是其含义之一，但在纽曼看来，圣经的字面义仅仅是"次要含义"。[144]而且，纽曼通过考察早期教会历史发现，那种仅仅固守圣经字面义的做法只能导致教会异端的兴起。他认为，应该重视圣经更深的神秘含义，只有如此，才能保持教会的正统，"凡是坚持灵意解经的时期，就是正统得以保持的时期，而放弃灵意解经的时期，就是异端泛滥的时期，这差不多是教会史上一个不争的事实。"[145]

5、传统是圣经的解释者

纽曼认为，圣经本身并不会说话，"圣经本身并不含有它自己的解释"。[146]既然如此，谁可以为正确理解圣经提供帮助呢？纽曼的回答是，"以前的证据"

---

140 D.A.,p.234.
141 Cf.Tract 85 in Discussions,p.150.
142 D.A.,p.142.
143 D.A.,p.195.
144 Cf.Ari.,p.61.
145 Cf.Essay（2nd ed.）,p.344.
146 V.M.,I,p.245.

是理解圣经的必要背景。[147]历史中的那些教义系统，以及那些无误的教会训导，都可以被视为是天主默感继续做工的体现。[148]这些教义和教导成为圣经解释的有力支撑和可靠保证，换言之，传统就是帮助人们理解圣经的必要途径。

按照纽曼的观点，教义不仅仅来自于圣经，同时活的传统也是教义的另一重要来源。天主不仅将恩宠给了圣经，同时也给了传统。[149]对此，纽曼这样写道："很明显，那些最早被接受的东西一定也获得了宗徒们的认可；宗徒们在每一教会中所教导的内容，大多也是他们在圣经中所讲的内容，那些内容是他们平时讲道最完整最真实的发展，他们将这一切都记录了下来。"[150]因此，圣经中的内容并不是死的文字记录，而是与教会活的历史传统，与宗徒们的眼耳相传是密不可分的，所以很显然，传统就是理解圣经的一种"辅助"手段。[151]这种传统由宗徒时代流传到教父时代，尽管教父作家与宗徒们一样接受的是同一个信仰；但如果想真正和深入理解的圣经的话，那必须要去阅读和思考教父们的著作和教义。[152]

最后，传统只有通过教会才能扮演自己无误的圣经解释者和护卫者的角色，纽曼承认，"罗马教会差不多可以说是无误的圣经解释者，尽管是来自于过去传统的遗产。"[153]教会实际上就是真理的柱石和基础，是"被任命的解释者"。[154]对此，纽曼的解释是，"当天主给我们两类知识，即圣经和传统时，也必然要建立起一种权威，在发生疑问时进行决断，当教会在决断关涉救赎之知识时，祂赐予祂的教会以无误的恩宠。"[155]

6、圣经是传统的引导

传统对圣经有独特的意义，在解释圣经时具有重要的影响，但却不能因此而片面强调传统而忽视圣经。圣经可以为传统提供一种负面的规范，可以修正传统中的一些谬误，因为在启示本质而言，在它内不能有任何冲突。在

147　Essays and Sketches,I,p.122.
148　Cf.Stray Essays,p.13.
149　Essays and Sketches,I,p.122.
150　MSA.50,1,p.29.
151　P.S.,II,p.29.
152　Cf.Justification,p.121.
153　V.M.,I,p.58.
154　Tract 85 in Discussions,p.191.
155　MSA.29,7,p.13.

圣经经卷形成时期，如果有哪一本经卷背离普世教会的信仰，那肯定不会进入正典；同样的，"任何与圣经相冲突的传统都是靠不住的传统"。[156]所以在与传统的关系中，圣经有一种保存和保护的作用："写下来的东西是对未被写下来的东西的一种保护"。[157]传统给出教义，而圣经为教义提供证据，所以传统在关涉教义问题时，常常要诉诸圣经。[158]

7、圣经的圆满性问题

（1）全部启示都在圣经中

纽曼认为，天主的全部启示都包含在圣经之中，而且他在教父那里也得到充分的印证。[159]

当纽曼开始讨论特利腾大公会议的教义问题时，他的一位朋友帕尔马（William Palmer）的著作《基督教会论集》给他以很大的启发，帕尔马在书中这样来论述特利腾大公会议的教父，"他们并没有贸然断定……基督信仰的真实部分存在于书写的作品中，部分存在于未书写的传统中"。[160]因此，对于特利腾大公会议的定义，即，启示包含在"已成文的书中和未成文的传统"中，正确的理解应该是，这种宣称并没有否认圣经作为圆满性启示的教义。即使后来作为一名天主教徒，纽曼也可以问心无愧地承认这一点，而且在他还从古代教父那里得到有力的支持。在他看来，教父和神学家们对圣经"奥义"的揭示，实际上就为天主教教义提供了一种圣经基础。如果说在安立甘时期，纽曼是主张一切关乎救赎的真理都建基于圣经之上，那么，可以说在天主教时期，纽曼应该是主张，在一定意义上讲，一切启示都包含在圣经之中。[161]

纽曼这种对圣经至尊地位的肯定，并不意味着他认同基督新教"唯独圣经"的主张。事实上，纽曼是坚决反对新教这种主张的，他曾举例加以反对，他指出，基督新教的一些教义如洗礼以及主日等，实际上也并不是直接来自圣经，"就更不要说是将圣经作为信仰的唯一原则了"。[162]即使是站在安立甘

---

156 Mir.,p.323.
157 MSA.13,2,p.306.
158 Cf.V.M.,I,p.287.
159 Cf.V.M.,I,p.315.
160 W.Palmer, *Treatise On the Church of Christ*（1838）,II,p.15,quoted in Essay（2nd ed.）,p.339.
161 Letters on Difficulties,II,pp.11 f.
162 Ess.,p.59.

信仰的立场上，纽曼也常常将传统视为是解释圣经的一个必要的"信息资源"，[163]尽管是充当一种辅助的角色。

总之，"所有启示都在圣经中"构成了纽曼神学的一个重要基石，在此基础之上，纽曼进而认为，所有的基督宗教教义都是一个整体。任何一端教义，至少是"从神秘含义的角度"而言，都可以在圣经那里找到本源。[164]

（2）圣经与活的传统

对于纽曼而言，基督宗教启示是一个重大而又丰富的"观念"，它的一些方面已经得以显明，但其他的一些方面却仍未展开。这些方面为圣经和传统保守，并以文字或口头的形式得以明显。与传统相比，圣经文字所表达的启示信息要更完整和准确；但传统却更富于表达特殊的启示内容，它同样包含了完整的救赎信息，只不过是以另一种方式来表达罢了。传统作为一种"体系"和"哲学"使包含在圣经中全部启示得以具化。

总之，对于纽曼关于圣经与传统关系的理解，简言之就是，圣经包含了传统所不具有的一些内容，而传统包含了并不是局限于圣经表面的一些真理。这样看来，特利腾大公会议中所讨论的启示有两个"分别的"来源似乎也是有道理的。但是，这只是表面上看是如此；从内容和本质而言，仍然要坚持圣经的圆满性，圣经代表着全部的启示，并以各种不同的形式得以表现。事实上，纽曼也始终坚持圣经的圆满性原则，他认为这项原则贯彻普世教会、一切时代，只有坚持这一原则，才可以使基督宗教的整个启示得到真正的传承。

（二）圣经与教会

1、圣经具有传统不具备的独特禀赋

尽管纽曼对教父传统满怀敬意，但他还是将圣经置于优先地位。对此，纽曼这样写道："圣经具有传统所不具备的禀赋；它是固定的、可触知的、可理解的，易实行的，不仅如此，在它各个部分以及一切关系之中，也都是如此；一言以蔽之，它是一个神圣的文本。"[165]福音书保存了耶稣的话和教导，反映了祂说话的方式。新约其他部分都是以此为基础的，它们不能在耶稣的启示之上再增加任何的启示内容。[166]

163　V.M.,I,p.28.
164　Fifteen Sermons,p.336.
165　V.M.,vol.1,p.291.
166　V.M.,vol.1,p.303.

2、教会在决断圣经真义时具于优先地位

在 1838 年编辑出版的《时论》第 85 册中，纽曼罗列了一系列的证据来反对"唯独圣经"，他的目的是要论证坚持教会及其传统的必要性。在皈依罗马天主教后，纽曼继续为捍卫圣经无误性与默感性之教义而斗争，尤其是在1870 年梵蒂冈第一次大公会议将它们正式颁布之后。在 1884 年的一篇论文中，纽曼指出，认为一般读者就可以完全读懂圣经的真正内在含义并不是大公会议所认定的圣经之默感性的本义。无论是特利腾大公会议还是梵蒂冈第一次大公会议，都申明教会在决断圣经真正含义时享有优先地位。

3、圣经的默感性与无误性不可动摇

纽曼生活的时代，历史哲学和科学的发展对圣经的科学性与历史准确性提出了严重的挑战。换言之，面对现代哲学与科学，圣经的默感性与无误性如何得到解释？奥利金和奥斯定认为，即使圣经内容在精神意义上是对的，但在历史意义上却可能是错的。纽曼与他们的意见不同，他认为，无论圣经采用什么样的历史叙述形式，它在历史意义上仍是对的。[167]纽曼的理由是，圣经在叙述方式中所出现的不准确性，是由圣经作者的人为因素造成，与圣经通过历史表达的启示意义无关。在纽曼看来，圣经的默感是天主圣神的做工，给出天主意愿的道德和信仰教诲，但这却可以为圣经作者所遮蔽。尽管如此，天主圣神默感并不因此而指责圣经作者的无知，因为圣经作者所表达的道德和信仰教诲是无误的。因此，圣经中的历史记录不见得准确，但这些历史事件所传达出的天主的救赎计划是真确无误的，那些出错的历史细节无关乎道德和信仰的真理，这些错误来自于圣经编纂中人的错误。

1893 年，教宗良十三世颁布《上智的天主通谕》（Providentissimus Deus），其中就拒绝承认在关涉道德与信仰事务上圣经之默感性和无误性，似乎承认圣经默感与历史和科学中的错谬可以相兼容。这种认识，很容易被以为是对纽曼相关理解的谴责。但是，在七十年后召开的梵蒂冈第二次大公会议中，却明确承认圣经是教导信徒的"无错误的"的真理。[168]在本质上讲，这种教导与纽曼的立场完全一致；尽管关于圣经的默感性与无误性的教导在今日已经成为天主教内的普遍认识，但纽曼在此方面的先驱作用仍然值得肯定。

---

167 Ess. II,pp.145-6.
168 DV.,no.11.

4、圣经解经法与正统、异端教会的分野

在圣经解释方法上，纽曼一直坚持亚历山大学派的"类比法"。其实，亚历山大学派采用的这种方法在圣经中也可以找到它的依据，因为耶稣在教导人时就常采用打比喻的方法。纽曼也认为，在圣经历史中，就有很多预言，这些预言为后来的历史所应验。尽管亚历山大学派有时会将这种解经法推向极端，甚至不顾历史事实和教义宣称，但客观讲，这种解经的原则还是比较合理的。

与亚历山大学派相对立的解经学派是安提厄派，他们解经拘泥于圣经字句，其中一位代表人物就是塞奥佐罗斯（Theodore of Mopsuestia），他是聂斯托里派的领导人物。纽曼坚决反对塞奥佐罗斯的观点，后者认为，"圣经的真正意义，并不属于神圣理智的范围，而仅仅是为了人们感官灵感的目的。"[169]在纽曼看来，正是基于这种对圣经的理解，所以与亚历山大学派将基督视为神圣不同，安提厄学派仅仅承认基督的人性。纽曼进而认为，正是因为受安提厄学派这种文字解经的方法的影响，才使得聂斯托里堕落为异端并最终与教会分裂。对纽曼而言，从释经学的角度看，衡量和检验一个教会是否代表正统的标准就是，是否坚持"类比法"解经。亚历山大教会坚持了这一原则，因此就是正统教会的代表；安提厄教会反对这一原则，所以无疑就成为异端教会的代表。

四、个人与教会

（一）良知自由与教会权威

1、纽曼与教宗无谬误论

梵蒂冈第一次大公会议将"教宗无谬误"钦定为教义，但是对之进行了严格的界定，这与会议之前教权至上主义者的期望相去甚远，而后者正是纽曼所极力反对的，所以在罗马教廷颁布这一教义后，纽曼并没有提出反对意见。其实，在会议之前，纽曼的一封私人信件中就表达过自己的意见，即，即使教宗是无谬误的，但他的公告仍然是需要加以解释的，而负责进行解释的就是神学家。后来，在1875年《致诺福克公爵的一封信》中他又非常谨慎地指出，教宗无谬误论的制定是捍卫教会权威的需要，而不是要将之应用于具体的教义定义之中。

---

169 Ari.,p.409.

纽曼相信"教宗无谬误"，但他只是作为一种个人意见接受梵蒂冈第一次大公会议的这一教义。根本而言，他不是教宗权限制主义者（Gallican），也不是一位自由天主教者（Liberal Catholic），而只是一位温和的教宗至上主义者（Moderate Ultramontane）。

纽曼认为，将教宗无谬误定为教义在当时是"不合时宜的"，无论是在梵蒂冈第一次大公会议之前，还是在会议召开整个过程中（1869-70），他都坚持这种观点。后来，他在一封私人信件中，指责那些教宗无谬误论的狂热的鼓吹者为"傲慢和攻击性的派别"，对那种绝对教宗至上主义者提出批评。但随着会议的进行，纽曼逐渐向这一教义屈服，尤其是随着这一教义获得整个公会议的认可、批准后，纽曼也就接受了这一教义。当1875年格莱斯顿撰文对这一教义提出指责后，纽曼立即发表《致诺福克公爵的一封信》对之进行反击。纽曼在这封信中，对教宗无谬误做出了严格的解释。《信》指出，教宗无谬误并不是说教宗本人完美无瑕、没有罪过，也并不意味着否认历史上众多的教宗的败坏行为。这一教义也并不是说教宗个人的神学观点是无误的，而是说是在涉及信仰与道德，关乎信众的得救问题上，教宗是无谬误的；所以，这种定义，并不涉及世俗和历史，或者教宗在教会中具体的命令。在表达教宗无谬误时，教宗必须是对整个天主教世界发言，而不仅仅是命令或指导其中的一部分。这样一种界定对于道德教导而言，并不是首要的原则，因为它是来自个人的良知。教宗无谬误仅仅属于界定性的语言，而不会扩展至对于文件或观点的支持。

纽曼的这种理解后来逐渐为现代天主教所接受，这可以在天主教的两项教义的认定中，即圣母无染原罪（Immaculate Concept of the Virgin）（1954）和圣母肉身升天（Assumption）（1950），得到确证。

纽曼之所以与新教宗至上主义达成妥协，根本原因在于这与他毕生为之捍卫的一项原则有关。无论是在安立甘时期，还是在天主教时期，他都坚持认为，必须要保持教会的主权和独立。但他又不同于绝对的教宗至上主义者，如法伯（Frederick William Faber）和沃德（William George Ward）等，在坚持教宗至上的同时，纽曼还注意捍卫平信徒和神学家的批判权利。可以发现，纽曼对那种世俗权力并无兴趣，他所坚持认为的教宗至上集中于宗教和精神方面而非世俗方面。

尽管纽曼对教宗无谬误持谨慎态度，但却不能因此将他归入天主教中的自由主义者之列。在此一点上，自由主义者如阿克顿（Lord Acton）及其在德国的盟友杜林格（Ignaz von Döllinger）并不是太欢迎纽曼，因为他并不主张公开批判教宗。最早的纽曼传记作家沃德认为，纽曼所奉行的是自由主义者与新教宗至上主义者之间的一条"中庸之道"。这样说，纽曼会有机会主义者之嫌；但这只是一种误解，因为他更愿意成为一名真理的殉道者。现代主义者特列尔（George Tyrrell）也将纽曼视为是鼻祖，但包括后来的各种自由主义者，他们都没有注意到纽曼对正统（Orthodox）的坚持。他固然坚持神学家的批判精神，但这是以服从教会训导为前提的一种批判。另一方面，纽曼也不能简单地被称之为是保守主义者或传统主义者。如果那样认为，就会否认其思想的原创性。他并不是在复述过去，而是要给予它一种新的解释。他试图说明，正统与批判可以相融洽，因为教会只能拥抱真理。

2、个人良知与教会权威

纽曼在《致诺福克公爵一封信》中讨论的中心问题就是个人良知与教会权威的关系问题。首先，纽曼肯定每个人接受良知实质上就是接受天主的律法，尽管人的理智和自由意志会使人无法完整地接受来自天主的律法，但这却不会影响律法本身的神圣性质，人会秉着良知服从那律法。以此而论，良知就是"天主的声音"，尽管很多人仅仅将它视为是"人为创造出来"的一种道德原则。不仅如此，纽曼认为良知既不是那种"深谋远虑的自私自利"，也不是那种"实现自我统一的渴望"，它具有更为卓越的地位："良知就是基督的最初代表，它可以通知，所以它是一位先知，它很专横，所以它是一位君王，它可以祝福与诅咒，所以它又是一位僧侣，即使整个教会的永久的司祭职会消失，但良知内的司祭原则却仍会存在并居于支配地位。"

在一定意义上而言，良知就是最高的道德律法。对此，纽曼指出，从严格意义上而言，如果一位教宗说了违反良心的话，那无疑是挖自己的墙角。良知普遍存在于人的内心之中，不仅在基督徒中，而且也在非基督徒中起作用，比较鲜明的证据就是人内心普遍存在的负疚感、羞耻感以及对于自己行为后果的恐惧感等，也即是说，在自然宗教中也存在良知，良知构成了自然宗教的基础。启示宗教并不是独立于自然宗教而存在的，因之，作为启示宗教的基督宗教内的教会、教宗、教阶也都应该听从良知的召唤，"来自于启示宗教的教宗无权审判自然宗教（良知）。"[170]

在集中论述个人良知与教宗权威时，纽曼首先为良知设定了一条原则，即，实践性原则。纽曼认为，良知并不是一种抽象的教条，而是直接指向一种实际的选择，或者去做或者不做。因此，纽曼理解的良知与一般神学家的道德论不同，他们所强调的良知都是与一定的道德准则相关联的，而纽曼所认为的良知却是与具体处境相联系的，良知是一个"实践性的律令"。在此立论的基础上，纽曼认为，良知与教宗权威或教宗无谬误若发生直接的冲突，只有当教宗立法或发出具体的命令时，两者才有可能发生这种冲突。但纽曼马上又排除了这种可能，理由是教宗在立法、颁布命令和管理时是不会犯错的，他还举例进行了说明，如当圣保禄与圣伯多禄意见不一致时，圣伯多禄并没有犯错，当利贝里乌斯（Liberius）放逐阿塔纳修时也没有犯错。

即使良知真的可以去反对教宗权威，纽曼认为，也应该采取深思熟虑的谨慎态度。"除非一个人敢于站在天主面前认为自己可以审断教宗，否则，他只有服从教会权威，而且会因违背它而感到自己犯了大罪。"

可以看出，纽曼对个人良知与教会权威的关系采取的态度是比较矛盾的。一方面，他强调个人良知的绝对性，即使教宗也不例外；另一方面他又认为个人良知应该服从教会权威。但是，在另外一部作品中，纽曼的一个比喻却仍是耐人寻味，他这样写道："如果让我向教宗和良知分别敬酒的话，那么，请允许我先敬良知，再敬教宗。"[171]

最后，需要指出的是，只有在天主教信仰的背景下，才能比较客观地看待纽曼关于个人良知与教会权威关系的认识。在一个非天主教信仰或现代多元文化背景下，纽曼的这种认识似乎匪夷所思，很难为人接受。但在天主教信仰背景之下，却是可以理解的，因为这个问题是教会内的神学家或平信徒必须都要面对和得到回答的问题。纽曼的回答在很大程度上承认了个人良知的优先性，这种回答在梵二会议那里也得到了肯定，充分显示了纽曼认识的前瞻性、开放性。

---

170 Diff.,ii.pp.252-54.
171 Diff.,ii.p.261.

（二）教会、神学家与平信徒

1、神学家与教会训导

为了寻求在教会训导、神学家和平信徒信仰之间关系的正确理解，纽曼需要思考和解决的一个首要问题就是权威与个人判断之间的关系问题，这一问题贯穿他从安立甘教会到天主教会时期的整个神学思考过程。纽曼最早对这一问题的思考始于《大学讲章》，其中他关注的焦点是理性与信仰的关系问题。

在《论教会的先知之职》中，纽曼试图在新教和天主教两者之间寻求一种安立甘式的中庸之道。他认为，基督新教认为每个人都有依据圣经进行判断的权利，但对罗马天主教会而言，"如果没有教会的决定，信仰及其行为就没有什么目标，这就取代了新教的那种个人判断的做法，教会的决定要求她的所有成员必须认可。"[172]为了调和这两种对立的立场，纽曼区分了两种传统，即，宗徒传统与先知传统，两者分别代表两种真理，前者代表教会的根本真理，而后者代表较次要的真理。宗徒传统，由教会主教传承，一般不容讨论，因此建立在这一传统之上的教义必须信守，这些教义主要包括：圣三论，道成肉身，补赎，原罪，忏悔，圣礼的超自然恩宠，宗徒统绪，信仰的义务与忠诚，未来永恒的惩罚。[173]先知传统是可以对之进行解释的，因为其中有些并不一定关乎信众的救赎，所以对建立在这一传统之上的教义，人们可以根据个人的判断以选择是信还是不信。[174]

在安立甘教会最后几年，纽曼不再坚持根本真理与较次要真理的区分。他开始注意到，宗徒传统并不是一个静态过程，而是可以在教会的庇护下有所发展，会形成一些新的含义及表达形式，最终这些含义和形式会通过教会权威得以认定、宣布。尽管个人不能否认教会训导权，但在认可教会宣告时，个人判断却在实际地起着作用。

在《论基督宗教教义发展》中，纽曼探讨了教义、信仰与神学的相互关系。教义是以确定性的语言来表达启示真理；信仰则是无条件地接受由教会传达的圣言；神学则是对教义遗产的理性探求，目的是要建立一种科学的信仰。[175]纽曼并不否认对于圣言的聆听与遵从，但他同时也强调理性和神学研究在教会和信仰中的地位与作用。他指出，从教父时代到神学全面繁荣的中

---

172 Diff.,vol.1,p.128.

173 Diff.,vol.1,p.44.

174 Diff.,vol.1,p.247.

175 Dev.,p.325.

世纪，理性始终是维护教会正统信仰，推动教会教义学发展的最重要的力量。[176]他指出，神学家通过其神学研究，试图揭示信仰条款的含义、依据和意义，这是一种非常值得称赞，也是极为有益的做法。[177]例如对于"教会之外无救恩"的教义，这一教义很容易将非基督信仰者的救恩排除在外；但通过神学家们的解释，这一教义仅适用于那些"顽冥不化"，拒不接受信仰的人，而对于那些愿意接受信仰，即使并不拥有基督徒的身份，但天主的救恩仍然向其敞开。这样通过神学家们的解释，"教会之外无救恩"的准确、完整的意义最终得以彰显。再如，14 世纪的维也纳会议通过的教会的声明似乎表明，利润是需要严加禁止的，但后来经过神学家们的讨论和解释，最终认定这一声明仅在一些特定的情形下是可以执行的。[178]诸如此类，表明纽曼的思想似乎正是后来拉纳尔思想的先声，拉纳尔认为，每一教义的颁布不仅仅意味着结束，同时也意味着一个新的开始。[179]教会决定的任何一个问题，对于神学家而言，都是一系列新的问题讨论的起点。

后来，在《大学的理念》中，纽曼分析了教会与神学家各自的作用。在他看来，作为教会与神学家有各自的分工，应该明确各自的界限，并注意在特定的问题如教义问题上互相配合、协调一致。纽曼指出，如果不顾教会的训导，大学中的神学研究容易滑向理性主义和怀疑主义的泥潭，中世纪的阿贝拉尔（Albelard）和迪南的大卫（David of Dinant）就是最好的例证。[180]相反，如果神学研究忠诚于天主教的基本精神，那么它就会对教会发挥积极的正面作用。所以，神学家应该有自己的批判立场，但也应对教宗和教会法庭服从，他们的批判有其限度。但另一方面，教会也不可过多干涉神学家的研究工作，在一些领域如科学领域内，与教会相比，神学家们会更具有发言权。在这些领域，教会必须要尊重神学家们的研究，否则伽利略的悲剧就会重演。[181]

最后，在《自辩书》中，他对教会训导的无误性与理性的辩证关系，进行了深刻的揭示：

---

176 Dev.,p.338.

177 Dev.,pp.336-8.

178 Diff.vol.2,p.337.

179 Karl Rahner, *Theological Investigations* 1（Baltimore：Helicon,1961）,pp.149-200.

180 Idea.,p.384.

181 Idea.,p.220;cf.Apo.,p.264.

每一次教会实行无谬误权，都伴随有理性的强烈反弹，理性就
是教会训导无误性的对手，但也是它的伙伴……整个天主教信仰的
历史所展示的并不是那种简单的信仰独断论，而是一幅权威与个人
判断此消彼长、交互进退的图景，就像大海的潮起潮落一样。[182]

也就是说，当理性过分膨胀时，教会训导的无谬误权就显得必要了，教
会训导所拥有的无谬误权"并不是要削弱信仰反思中人的思考的活力和自由，
而是要抵制和控制这种思考的过分膨胀"[183]；而当教会实行她的无谬误权时，
又会对理性带来刺激，理性会就会对教义进行新的反省与解释。对于纽曼而
言，在整个教会历史中，教会在实行训导权的同时，始终没有饕夺个人判断
的权利。也正是个人判断而不是圣座意见才激发了神学探究的热情。至纽曼
生活的时代，在教会历史上，只有两位教宗是教会博士。即使在教会的大公
会议上，起到引领作用的往往就是那些天才的个人，如尼西亚会议上的阿塔
纳修，巴里（Bari）会议上的安瑟默，特利腾会议上的撒尔梅龙（Jesuit Alfonso
Salmeron），大公会议最后的决议当然离不开教会权威，但那些杰出的神学家
的个人贡献也不容忽视。[184]纽曼甚至认为，神学家群体的存在，可以避免教
宗和公会议将自己凌驾于教会之上。[185]换言之，在教会中，神学家可以发挥
一定的监督作用，可以防止教会权威的滥用。

2、平信徒与教会

（1）平信徒可以在教会中发挥谘议作用

1859 年，纽曼写了一篇文章"论教义事务的谘议"，其核心观点就是，平
信徒可以在教会中发挥谘议作用。后来，在再版《论四世纪阿里乌主义者》
时，他将这篇文章收进附录之中。纽曼的这种观点，可谓石破天惊，因为对
于一个教阶制度森严的教会而言，在公布教义之前，邀请平信徒进行谘议是
不可思议的一件事。更令教会尴尬的是，在《论四世纪阿里乌主义者》中，
纽曼在列举了大量的证据后断言，当 4 世纪教会内阿里乌主义泛滥严重冲击
教会正统信仰之际，教会和主教们并没有负起自己的责任，真正坚守和捍卫
正统信仰的正是那些也许目不识丁的平信徒，正如圣希拉利（St.Hilary）所言：

---

182 Dev.,p.252.
183 Apo.,p.253.
184 Dev.,p.266.
185 L.D.,vol.27,pp.211-13.

"信众的耳朵要比主教的心灵圣洁。"当然，纽曼的论证不见得符合教会历史事实，但他对平信徒的信仰见证的评价还是比较中肯的。平信徒是教会的主体，他们大多并未受过系统严格的神学训练，但是他们却本能地维护正统信仰，拒绝异端思想。

对于纽曼而言，平信徒就是正统信仰的见证者和维护者，换言之，一种信仰是否合乎正统的标准，在很大程度上取决于最广大的平信徒的信仰程度。因此，尽管在教会中，负责教导的主要来自教会神职人员，平信徒在其中似乎处于被动接受的地位，他们无权制定和颁布教义，但他们却有辨别哪些教义合乎他们信仰哪些教义违背他们信仰的权利。这也就是说，教会在制定一项教义时，应该充分考虑到平信徒的意见与反应，他们普遍一致的态度就是正统信仰的"标准"，所以，如果验证一种信仰是异端还是正统，只要将之放入平信徒的信仰实践一试便知。[186]

平信徒不仅仅是信仰的见证者，同时也可以为教会制定教义发挥咨询作用。教会在制定教义时，并不是将神学讨论的结论以官方的形式加以颁布，也不是个别教宗头脑发热的产物，而是在制定的过程之中，与信仰的主体平信徒的情感、理智和实际互动的结果。对此，纽曼列举了很多例子，教会在制定一些教义如圣母无染原罪、基督的神性、临在说、圣徒在天国对世人的祝福以及天主之母时，都曾考虑和主动咨询过平信徒的意见。[187]

这样说，并非是说平信徒不会犯错，而是说他们联合一致的见证可以使整个教会的信仰建立在一个可靠的基础之上。因此，教会要想始终坚持信仰真理，就应该注意倾听平信徒的声音。在此，纽曼隐约表达了后来梵二会议"天主子民"的思想。天主子民的声音代表的是来自天主的声音，听从天主子民的声音当然就是听从天主的声音了。而天主的子民，不仅包括神职人员还包括平信徒，按照梵二会议《教会宪章》（LG）的规定，天主子民不仅包括基督徒同时还包括非基督徒。

（2）平信徒与神学教育

纽曼对平信徒的地位与作用的认识，也体现在大学教育之中。他认为，大学教育应该包括神学教育，平信徒也有权利接受神学训练，神学并不是神职人员的专利。在大学中接受过系统训练的平信徒，可以在他们的家庭、社

---

186 Cf.,pp.74-5.
187 Cf.pp.104-5.

会关系和工作中为福音做出见证。而且，他们可以随时针对社会和职业中对于天主教信仰的疑问做出回答。[188]

这样，纽曼实际上就提出了一个更为重要的问题，即平信徒的护教之责。纽曼认为，护教不单单是神职人员的任务，而且也是平信徒的责任，尤其是那些经过神学训练的一般平信徒和平信徒神学家，甚至在一定程度上，在护教时会发挥教会神学家所不可发挥的作用。对此，纽曼在《大学的理念》中列举了很多充当护教士角色的平信徒神学家，如早期的查士丁（Justin）、阿特那哥拉斯（Athenagoras）、大亚那（Arnobius）和拉克坦奇乌斯（Lactantius），19 世纪的则有约瑟夫·德·梅斯特尔（Joseph de Maistre）、夏布多里昂（Francois de Chateaubriand）、尼古拉斯（Auguste Nicolas）和蒙塔兰伯特（Charles de Montalembert）。[189]

在一个不信的或一个严重世俗化的环境下，平信徒的护教任务就会遭受严重的挑战，若非经过一定的神学陶成，很难完成自己的护教任务。纽曼在《英国天主教徒的目前地位》中，描绘了自己理想中的平信徒护教士的形象：

> 我认为，一位平信徒应该是，不傲慢，不草率发言，不争强好胜，而是清楚自己的信仰，他们进入自己的信仰之中，知道自己应该站在什么立场之上，知道自己应该坚持什么不坚持什么，对自己的信条非常熟稔，可以很好地向人说明自己的信条，对于教会历史非常熟悉，可以利用历史作为护卫自己信仰的工具。[190]

在一个世纪以后，有另外一位神学家龚加尔也表达了与纽曼类似的思想。像纽曼一样，龚加尔认为教义神学应该为教会神学家所保留，因为这与圣礼、教会传统和牧灵有关，但在一些私人领域，则可以向平信徒神学家开放。很多平信徒如德肋撒（Teresas）、帕斯卡尔等都具有深厚的知识背景，他们完全可以协助宗徒权威充分发挥自己在护教方面的作用。

3、教会权威、神学家与平信徒与教会的三重职能

1877 年，在纽曼将要走进人生最后旅途的时候，在第三版《中庸之道》的序言中，他对教会权威、神学家与平信徒三者之间的关系提出了一种系统性的理解。在回顾了他关于教会先知职责的论著后，他发现有两个问题仍然

---

188 Idea.,pp.377-8.
189 Idea.,p.379.
190 Prepos.（New York:America Press,1942）,p.300.

摆在罗马天主教面前没有解决：其一，现代天主教与原初基督宗教的分离；其二，它在公众与政治中的表现与它的正式教导并不一致。对于第一个问题，他认为他在《论基督宗教教义发展》中已经得到充分的回答。现在他要回答的就是第二个问题。[191]

纽曼以基督的三重职责来类比教会，认为教会也拥有三种本质的权能或功能，即司祭、先知和君王。作为一个敬拜的团体，教会具有司祭的职责。作为一个思想和教育的团体，教会具有先知的职责。作为一个具有宰制功能的社会组织形式，教会具有君王的职责。[192]

纽曼认为，从一开始，上述三重职责就在教会中发挥实际的作用，但在后来的发展中，不同的职责在不同的时期依次呈现一种更替关系。初期教会是一个强调敬拜的教会，当时出现了很多的殉道者，这一时期教会就表现为司祭性的教会。在后来几个世纪中，教会中出现了很多的知识阶层，创立了不同的神学派别，这一时期教会主要就表现为先知性的教会。最后，教会发展成为一个以罗马主教为首的教阶体制，这样教会就主要表现为君王性的教会。[193]

在纽曼看来，教会的三种功能相互之间密不可分，任何一种功能的有效发挥都有赖于与另外两种功能的相互配合。教会的健康与成长就是这三项功能相互协调的结果。据此，平信徒的信仰是整个教会信仰的基础，神学家的反思则可以匡正错误，维护教义的纯洁性，教会权威则可以协调教会的教义与生命之关系。通过运用教会权威，既可以避免平信徒过分虔敬导致的迷信倾向，也可以遏制神学家过分批判导致的自由主义倾向。[194]

纽曼认为，教会的三种职能各有侧重，但这都是合理的。"真理就是神学以及神学探究的指针；奉献和陶成是敬拜的要求；管理就是私利的缰绳。"[195]三种职能的发挥需要运用不同的方式，"神学要以理性为工具；敬拜则是我们感情本性的流露；而管理则需要命令和强迫的手段。"[196]所以，三种职能如果没有另外两项配合的话，都必然带来败坏，理性会导致理性主义和

---

191 V.M.,vol.1,xxxvii-xxxviii.
192 V.M.,vol.1,xl.
193 V.M.,vol.1,xl-xli.
194 V.M.,vol.1,xlvi-xlvii.
195 V.M.,vol.1,xli.
196 VM.,vol.1,xli.

怀疑主义，虔敬会导致迷信和信仰的狂热，而权力则会带来个人野心和独裁。[197]

这样，纽曼就在教会的三种职能司祭、先知与君王之间建立起一种辩证关系，三者相互联系、相互补充，没有其中哪一项可以独立存在或凌驾于另外两者之上。平信徒和一般神职人员是教会虔敬原则的代表；神学家是教会理性原则的代表；教宗及其带领下的教廷则是教会权威的代表。[198]教会的三种职能之间存在一定的紧张关系。平信徒的虔敬往往会对过于批判性、学术性的神学，对于过于政治性、权威性的教阶制表现出不耐烦。神学家则会对平信徒的信仰狂热和来自教阶制的压力时常感到不满。这时，教会权威就应该发挥综合的协调作用，既要反对缺乏知识的信仰者的轻信，又要反对神学家的理性主义。

尽管教会的三种职能存在紧张关系，但其中每一职能都依赖于另外两项。如果没有平信徒的朴素信仰，无论神学家还是教会都会失去其与信仰对象的生动活泼的联系。平信徒所持守的坚定信仰，也必然是经过神学家的认真究查和教会权威的认可后的正统信仰。教会训导受惠于神学家们提供的原则、观念和文字表达，同时它也为神学家们的神学反思提供可获保证的基本立场。

这样，纽曼的教会论就具有了与传统的罗马天主教会不同的神学认识。纽曼一方面从圣经作者圣保禄宗徒那里获取灵感，另一方面又结合英国的经验论，建立起一种需要不断检验，寻求平衡的教会论。尽管教会一方面是一个以教阶制为基本结构的教会，但另一方面教会内的所有成员之间还存在一种互动关系。教会内成员，无论是神职人员还是平信徒，无论是朴素的信仰者还是博学多识的神学家，都应该学会彼此学习，唯此才能实现整个教会的益处。

纽曼关于教会三种职能的论述具有原创性的意义。欧洲大陆的一些天主教神学家如菲尔迪纳德·瓦尔特（Ferdinand Walter）、乔治·菲利普（George Phillips）、海茵西·克勒（Heinrich Klee）、若望·弗兰茨林（Johann Baptist Franzelin）、克莱蒙·施劳德（Clemens Schrader）和约瑟夫·克劳恩（Joseph Kleutgen）等也都区分教会三种职责，即圣化、管理和教导。但可以肯定的是，纽曼从未读过他们的著作，也就不可能从他们那里得到启发。而且，上述作

197　V.M.,vol.1,xli.
198　V.M.,vol.1,xl.

家将三种职责的完满最终归于教宗和主教，至于神学家和平信徒，根本不在其考虑范围之内。纽曼之后的弗里德里希·雨果（Friedrich von Hugel）曾提出一种宗教哲学，其中认为机构、理性与神秘三种因素相互作用，但他也并不是从教会论层面上进行讨论的。[199]即使是梵二会议，其中尽管也提到所有的天主教徒都履行三种职责，但也只是强调了它们的和谐性，对于它们之间的紧张，则未涉及。

本章小结

本章主要讨论了纽曼关于启示与宗教关系的认识。纽曼在其著述中将宗教区分为自然宗教与启示宗教，他认为两者既有区别又有联系，连接两者的纽带就是良知。良知是宗教信仰的第一原则，在良知经验中可以经验到天主的存在，天主的启示普遍地存在于各种宗教与文化传统之中。基督信仰是天主的特殊启示，这种启示的最重要一项原则就是教义原则，基督宗教教义的发展是天主启示不断彰显和圆满的过程。因此可以说，启示先是在良知中预许和发动，后来又在教会宣讲的基督教义中得以圆满，纽曼对启示的宗教理解包括内在的良知与外在的权威两个基本维度。启示在基督宗教内的传承主要是通过圣经、圣传和圣训。教会在实行自己权威的同时，也应该注意倾听神学家和平信徒的声音，教会具有司祭、先知和君王三重职能。

---

199 Friedrich von Hugel,*The Mystical Element of Religion as Studies in Saint Catherine of Genoa an Her Friend*,2vol.（London:J.M.Dent,1911）,vol.1,pp.50-82.